Umweltfreunde

Ein Sachbuch
für die Grundschule

Herausgegeben von
Inge Koch

Erarbeitet von
Kathrin Bertram
Silvia Ehrich
Marion Kloss
Inge Koch
Christine Köller
Rolf Leimbach
Silke Nitschel
Gerhild Schenk

VOLK UND WISSEN

Umweltfreunde 3

Herausgegeben von
Inge Koch

Erarbeitet von
Kathrin Bertram, Silvia Ehrich, Marion Kloss, Inge Koch, Christine Köller,
Rolf Leimbach, Silke Nitschel, Gerhild Schenk

Unter Einbeziehung der Ausgabe von
Katharina Bruntsch, Sandra Chryselius, Heike Dietrich, Silvia Ehrich,
Marion Kloss, Inge Koch, Rolf Leimbach, Silke Nitschel, Ulrike Rathjen,
Ellen Soppa, Diana Voß

Redaktion: Britta Frosina, Christa Krauthakel, Barbara Bütow
Bildrecherche (Foto): Peter Hartmann
Illustrationen: Uta Bettzieche (Detektiv und Hund, 54/55); Katharina Knebel (7–12, 14, 16, 17, 19, 22, 24, 26–29, 34–38, 41 M., 42–46, 49, 51–53, 60/61, 66/67, 71, 74, 78, 84, 92, 112, 114, 120, 124/125); Karl-Heinz Wieland (40, 58/59, 63, 76 o., 77, 88/89, 91, 95–97, 117 untere Reihe, 122); Hans Wunderlich (41 o., 56, 64, 98) sowie Lisa Apfelbacher (79, 103, 111, 126); Kirsten Höcker (118/119); Sandra Menke (72); Oliver Regener (99)
Umschlaggestaltung: tritopp, Berlin; Katharina Knebel (Illustration),
Uta Bettzieche (Detektiv und Hund)
Layout und technische Umsetzung: tritopp, Uwe Becker, Berlin

www.vwv.de

1. Auflage, 1. Druck 2010

Druck: CS-Druck CornelsenStürtz, Berlin

ISBN 978-3-06-082368-0

Inhalt gedruckt auf säurefreiem Papier aus nachhaltiger Forstwirtschaft.

Inhalt

In der Schule

Wie lernen Kinder in anderen Ländern?
Wie sollen wir unser Zusammenleben in der Schule gestalten?
Wie sage ich meine Meinung?

Schule anderswo

Australien: Meine Schule ist 1000 km von unserer Farm entfernt. Deshalb lerne ich zu Hause. Mutti hilft mir dabei. Täglich spreche ich über ein „two-way radio“ (Funk) eine halbe Stunde mit meiner Lehrerin. Sie schickt mir in einer E-Mail Aufgaben, die ich löse und ihr dann zurücksende. Meine Mitschüler, die auch so lernen, treffe ich nur ab und zu in der Schule bei unseren Familientreffen.

Emily

China: Bei uns beginnt die Schule mit Frühsport. Alle machen die Übungen mit. Dann sind wir fit für den Unterricht. In meiner Klasse sind 52 Kinder. Unser Schultag dauert von 7.30 Uhr bis 16.00 Uhr, mittags sind zwei Stunden Pause. Es ist ziemlich schwer, chinesisch zu schreiben. Wir haben mehr als 50 000 Schriftzeichen. Das Wort „Schule“ besteht aus 2 Zeichen.

Yan-Yin

USA: Bei uns dauert die Grundschulzeit 6 Jahre. Ich bin jetzt sieben und in der 3. Klasse. In meiner Klasse sind 25 Kinder. Ich mag besonders Mathematik und Sport, da habe ich ein **A**, das ist: sehr gut. **B** bedeutet: gut … und so weiter, **F** heißt: nicht bestanden. Mein Lieblingssport ist Baseball. In unserer Schulmannschaft bin ich Schlagmann und Läufer.

Michael

1 Betrachte die Bilder. Lies die Texte. Vergleiche mit deiner Schule.

★ Suche die Länder im Atlas.

Hallo, mein Name ist Jack. Ich bin 7 Jahre alt.
Ich wohne in London. Das ist die Hauptstadt von Großbritannien.
Ich bin mit 5 Jahren in die Schule gekommen und gehe jetzt in die 3. Klasse.
Hier seht ihr meinen Stundenplan:

in Englisch

Time	Monday	Tuesday	Wednesday	Thursday	Friday
9.05-9.30	Mental Maths	Mental Maths	Mental Maths	ICT	Assembly
9.30-10.15	Maths	Maths	Maths	Mental Maths	Maths

in Deutsch

Uhrzeit	Montag	Dienstag	Mittwoch	Donnerstag	Freitag
9.05-9.30	Kopfrechnen	Kopfrechnen	Kopfrechnen	Informatik	Versammlung
9.30-10.15	Mathe	Mathe	Mathe	Kopfrechnen	Mathe
10.15-10.45	Versammlung	Versammlung	Versammlung	Versammlung	Mathe
10.45-11.00	Pause				
11.00-12.00	Englisch	Englisch	Deutsch	Englisch	Deutsch
12.00-12.30	Bücherkiste	Rechtschreibung	Kreisgespräch	Schreiben	Handschrift
12.30-13.30	Mittagessen				
13.30-14.30	Informatik	Geschichte	Kunst	Lesen	Sachunterricht
14.30-15.15	Sachunterricht	Sport	Musik	GE*	Sport

*GE bedeutet Gesundheitserziehung.

Wir sind 33 Kinder in der Klasse.
Mein Lieblingsfach ist Geschichte.
Versammlungen gibt es in der Schule und in der Klasse.
Zur Schulversammlung treffen sich regelmäßig alle Kinder. Wir singen, beten oder hören Geschichten.
In der Klasse besprechen wir alle wichtigen Dinge des Schultages, zum Beispiel den Streit von Jessica und Charlie oder das Klassenfest nächste Woche.

2 Betrachte den Stundenplan.
Finde Gemeinsamkeiten und Unterschiede zu deinem Schultag.

★ Informiere dich über die Schule in einem weiteren Land. Berichte.

Fremde Länder – fremde Kinder?

Neulich auf dem Sportplatz der Schule …

1 Berichte, was Pablo auf dem Sportplatz widerfährt.
Vermute, warum die Jungen ihn so behandeln.

Am nächsten Tag in der Schule …

2 Beratet darüber, was die Klasse besprochen haben könnte.

★ Spielt die Situation nach. Wie fühlt ihr euch als Pablo?
Wie fühlt ihr euch in der Rolle der anderen Jungen?

Einige Wochen später findet in Pablos Klasse eine Projektwoche statt. Das Thema heißt „Fremde Länder“. Pablo erzählt von Spanien und hat dazu gemalt. Er gibt auch Rätsel auf. Das sind Beispiele aus seinem Vortrag:

Spanien ist fast überall von Wasser umgeben. Auf der einen Seite des Landes liegt der Atlantische Ozean, auf der anderen Seite das Mittelmeer. Eine bekannte spanische Insel im Mittelmeer heißt M…

Im Garten meiner Großeltern in Spanien stehen viele Obstbäume mit O…, Zitr… und Pfirsichen. Im Sommer fliege ich mit meinen Eltern hin und helfe bei der Ernte. Das macht viel Spaß.

Alle Spanier lieben Fußball. Und fast jeder kleine Junge möchte am liebsten ein berühmter Stürmer werden. Mein Lieblingsverein heißt „Real M…“ Er ist aus der Hauptstadt.

In Spanien ist es meist sehr warm. Deshalb machen viele Menschen jeden Tag eine lange Mittagspause, die nennt man S… Dann schließen alle Geschäfte, und in dieser Zeit ist auch kein Unterricht.

3 Die Jungen und Mädchen finden Pablos Bericht interessant. Nur Lisa meint, dass es in Spanien gar nicht so viel anders ist als in Deutschland. Was denkst du?

S. 4

Der Klassenrat tagt

Jede Woche könnt ihr Wünsche, Beschwerden und Lob in einem Briefkasten sammeln oder an der Pinnwand veröffentlichen.

Am Ende der Woche tagt der Klassenrat.
Zuerst wird festgelegt:

- Was wollen wir beraten? → Thema
- Wer soll das Gespräch leiten? → Leitung
- Wie lange wollen wir beraten? → Zeit
- Wer notiert die Beratungspunkte an der Tafel? → Tafelnotiz
- Wer schreibt zu den Ergebnissen der Beratung ein Protokoll? → Protokoll

Jeder kann seine Meinung sagen.
Am besten geht es mit der Fünf-Finger-Methode.

Ein Gespräch leiten

- Bitte die Kinder um Wortmeldungen.
- Notiere die Namen der Kinder in der Reihenfolge, wie sie sich melden.
- Gib einem nach dem anderen das Wort.
- Achte darauf, dass nicht mehrere zugleich reden.
- Mit einer kleinen Glocke kannst du um Ruhe bitten.

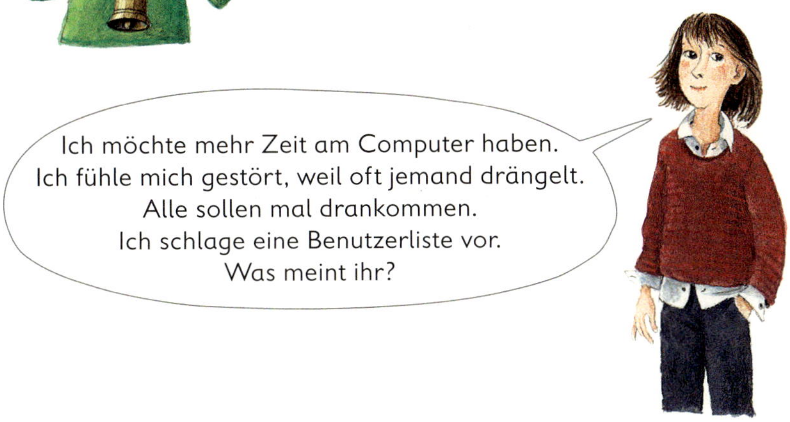

Viele Kinder melden sich daraufhin zu Wort.

So kann das Ergebnisprotokoll aussehen:

Der Klassenrat hat getagt 4.5.2010

Problem: Immer ist der Computer besetzt!

Lösungsvorschläge:

1). Benutzerliste aufstellen

2.) die Klassenleiterin soll entscheiden

3) Zeitplan (jeder darf höchstens 15 Minuten)

Abstimmung: 25 Kinder

a) Die Mehrheit (20) lehnt Vorschlag 2 ab.

b) Vorschlag 1: Ja: 25

c) Vorschlag 3: Ja: 21 Nein: 4

Beschluss: Vanessa und Matz stellen die Benutzerliste mit Zeitplan auf und hängen sie aus.

Ein Ergebnisprotokoll schreiben:

- Notiere das Problem.
- Schreibe alle Lösungsvorschläge auf.
- Notiere das Ergebnis eurer Abstimmung.
- Schreibe auf, was ihr beschlossen habt.
  - Wer ist verantwortlich?
  - Bis wann?
- Das Ergebnisprotokoll hängst du aus.

Eine Meinung äußern

Was haltet ihr davon, Sprachen zu lernen?

Du hast das Recht, deine Meinung frei zu äußern. Oft sagst du dann: „Ich meine …“, „Ich denke …“, „Ich finde …“, „Meiner Meinung nach …“. Manchmal änderst du auch deine Meinung: zum Beispiel, wenn dich Meinungen von anderen zum Nachdenken bringen oder wenn du Neues aus dem Fernsehen oder der Zeitung erfährst.

1 Bei einem Meinungsstreit solltest du Regeln beachten.
Ergänze noch:

- Äußere deine Meinung kurz und für andere verständlich.
- Begründe deine Meinung, zum Beispiel mit einem Weil-Satz.
- Kränke oder verletze andere nicht mit deinen Äußerungen.
- Höre anderen genau zu. Prüfe die Meinung anderer kritisch.
- …

Aus der Vereinbarung der UNO über die Rechte der Kinder:
Jedes Kind, das fähig ist, sich eine eigene Meinung zu bilden, hat das Recht, seine Meinung frei zu äußern. Nach Alter und Reife des Kindes sollte seine Meinung berücksichtigt werden.

Im Herbst

Wie verändern sich im Herbst die Pflanzen, die Tiere und das Wetter?
Warum wird es im Herbst jeden Tag früher dunkel?
Welchen Nutzen haben Wetterberichte?

Ein Park im Herbst

Im Lebensraum Park leben viele verschiedene Pflanzen und Tiere zusammen. Besucher des Parks erfreuen sich an der schönen, vielfältigen Natur. Wenn sich die Laubblätter der Bäume färben, ist der Herbst da.

Warum färben sich die Blätter und fallen ab?
Im Sommer nehmen die Blätter der Laubbäume viel Licht auf. Das geht nicht ohne Blattgrün – einen grünen Farbstoff in ihren Blättern. Mit Licht, Luft und Wasser können die Bäume nun Nährstoffe bilden und wachsen.
Im Herbst stellen sich die Bäume auf ihre Winterruhe ein. Sie entziehen ihren Blättern das wichtige Blattgrün und speichern seine Bausteine in Ästen und Stämmen. Für kurze Zeit sind in den Blättern nun andere Farbstoffe sichtbar – erst Rot, dann Gelb.
Die Blätter färben sich bunt. Schon ab August bildet sich am unteren Rand jedes Blattstieles auch eine Trennschicht aus Kork.
Sie verschließt die Zweige. Ein Windstoß nur, und die Blätter fallen ab.

Was plumpst da von Bäumen und Sträuchern?
Im Sommer bilden sich an den Kastanienbäumen stachlige Kugeln. In jeder Kugel wachsen 1 bis 2 Samen heran. Die Hüllen platzen auf und fallen zu Boden. Beim Aufprall rollen die glänzenden braunen Samen oft aus den Stachelhüllen. Eicheln purzeln vom Baum. Und der Wind weht die ölhaltigen Haselnüsse vom Haselstrauch.

1 Erzähle, woran du den Herbst erkennst.
Wie klingt es, wenn die verschiedenen Früchte herabfallen?

Wie die Pflanzen stellen sich auch die Tiere im Herbst auf den Winter ein.
Jedes Tier bereitet sich auf seine Weise vor.

Sich an Signalwörtern orientieren

- Lies die Signalwörter. Sie sind fett gedruckt.
- Schreibe dazu wichtige Aussagen auf.
- Notiere selbst Signalwörter.

Eichhörnchen

Im Herbst sucht das Eichhörnchen im Park Nüsse, Eicheln und Bucheckern. Eifrig springt es umher, um die Früchte zu sammeln und als **Wintervorrat** unter Laub oder im Erdboden zu verstecken.
Im Winter ruht das Tier in seinem Kobel. Es wird nur manchmal wach, um auf **Nahrungssuche** zu flitzen. Ob es die Früchte und Samen wiederfindet?

Igel

Im Sommer und im Herbst frisst sich der Igel einen dicken **Winterspeck** an. Er sucht Regenwürmer, Schnecken, Käfer und Spinnen. Spätestens im November zieht er sich in sein frostsicheres **Winterquartier** zurück und fällt bis in den April hinein in einen langen Winterschlaf.

Wespe

Das Leben einer Wespe ist kurz, denn sie lebt nur einen Sommer. Beim ersten Frost im Herbst stirbt sie. Nur **Jungköniginnen** überwintern in frostsicheren, engen Ritzen. Ab Mitte April sind Wespen wieder bei der Nest- und Nahrungssuche zu beobachten.

Grasmücke

Der winzige Singvogel, mit 13 cm Länge gerade so groß wie eine Computermaus, fliegt im Herbst einen 10 000 km langen Flugmarathon nach Süden bis in sein **Winterquartier** in Afrika. Dafür braucht die kleine Grasmücke viel Kraft. Sie frisst Insekten, Larven, Spinnen und Schnecken, aber auch Beeren und Früchte. Erst im Mai kehrt der Zugvogel zurück.

2 Halte einen Vortrag über Tiere im Herbst.
Nutze dazu Signalwörter.

S. 4, S. 5

Tagbogen in den Jahreszeiten

Die Sonne beschreibt am Himmel jeden Tag aufs Neue scheinbar einen Bogen, das nennt man Tagbogen der Sonne.
Tatsächlich bewegt sich die Erde um sich selbst – einmal in 24 Stunden.
Dabei erreichen die Sonnenstrahlen nach und nach immer einen Teil der Erde.
Dort ist Tag. Wo die Strahlen nicht hinkommen, ist Nacht.

1 Stellt mit Globus und Taschenlampe dar, wie das Licht um die Erde wandert.

Im Herbst siehst und spürst du: Morgens wird es später hell, abends früher dunkel. Die Sonne wärmt weniger. Nachts ist es kühler. Aber weshalb?

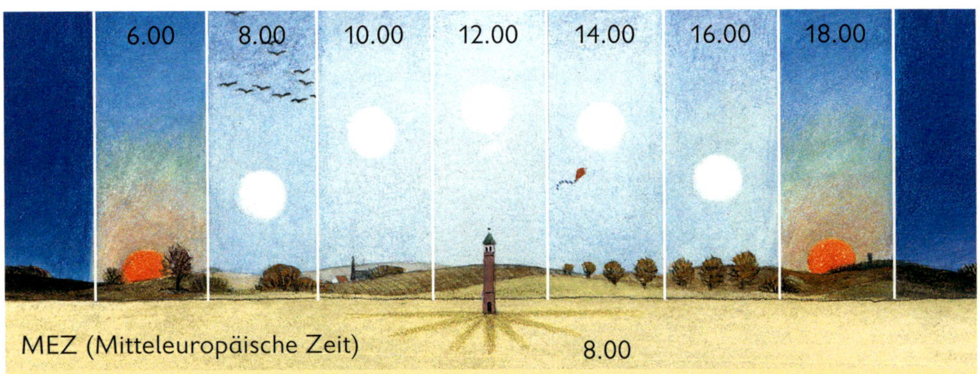

Der Herbst beginnt am 23. September, Tag und Nacht sind gleich lang. Die Tage werden kürzer, die Nächte länger. Die Sonne steht mittags jeden Tag tiefer am Himmel. Ihre Strahlen treffen Tag für Tag schräger auf die Erde. Land und Ozeane kühlen ab.

Der Winter fängt am 21. Dezember an. Es ist der kürzeste Tag und die längste Nacht. Nach diesem Tag, der Wintersonnenwende, werden die Tage wieder länger. Sie sind aber noch kürzer als die Nächte. Die Sonne steht mittags Tag für Tag etwas höher, sie wärmt noch wenig. Land und Ozeane bleiben kühl.

Tagbogen der Sonne und Länge von Tag und Nacht in den Jahreszeiten; Sommer- und Wintersonnenwende

S. 2

Schau nach der Sonne: Im Süden
nimmt sie
ihren Lauf.

Im Osten
geht die
Sonne auf.

Im Westen
wird sie
untergehn.

Im Norden
ist sie nie zu sehn.

Grafische Bilder vergleichen

- Betrachtet alle Bilder der Tagbögen.
- Vergleicht die Tagbögen. Findet Gemeinsamkeiten und Unterschiede.
- Sucht Informationen: Wie lange scheint die Sonne? Wann steht sie am höchsten? …

Himmelsrichtungen: Norden (N), Süden (S), Westen (W), Osten (O).

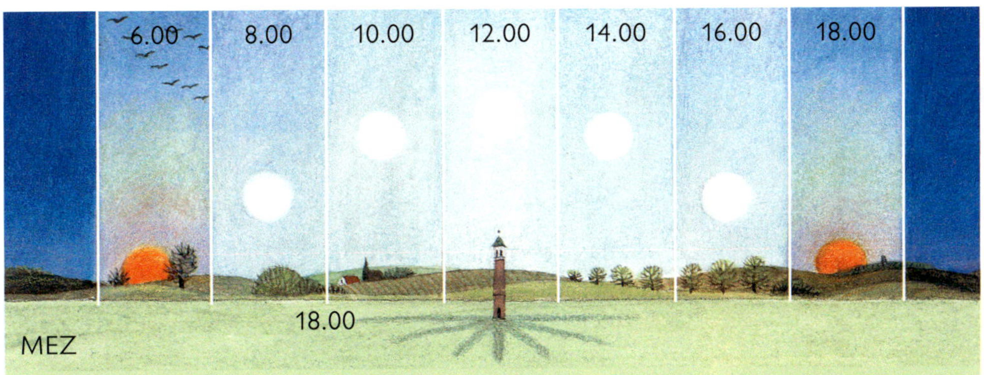

Der Frühling beginnt am 21. März, Tag und Nacht sind wieder gleich lang. Nun werden die Nächte wieder kürzer, die Tage länger. Die Sonne steht mittags jeden Tag höher, ihre Strahlen treffen steiler auf die Erde. Langsam erwärmen sich Boden und Ozeane.

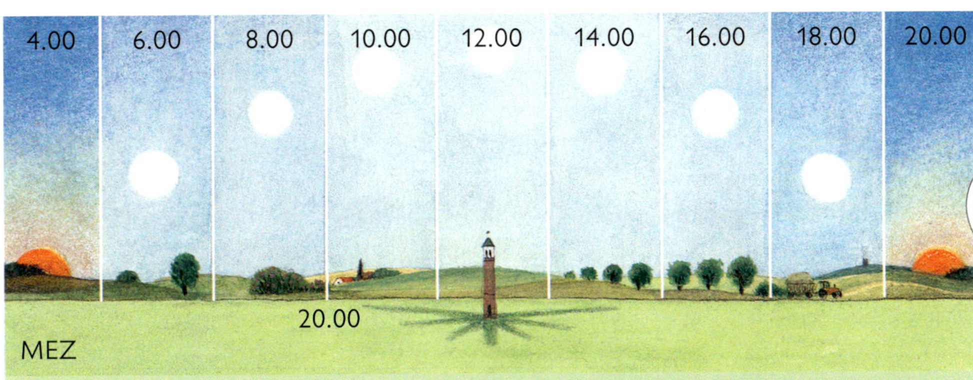

Der Sommer fängt am 21. Juni an. An diesem Tag scheint die Sonne am längsten, die Nacht ist am kürzesten. Nach diesem Tag, der Sommersonnenwende, werden die Tage wieder kürzer und die Nächte länger. Da die Sonne täglich etwas weniger hoch steht, bringt sie noch viel Wärme. Land und Ozeane kühlen nur langsam ab.

Tagbogen der Sonne und Länge von Tag und Nacht in den Jahreszeiten; Sommer- und Wintersonnenwende

S. 2

Im Herbst wird es kälter …

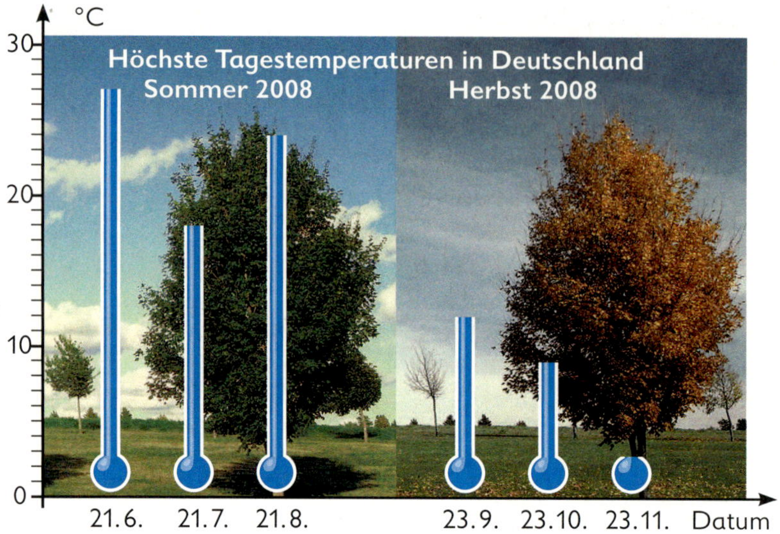

Säulendiagramm lesen

- Betrachte die Bilder.
- Lies die Texte.
  Was zeigen die Pfeile?
- Werte jede Säule aus:
  Nenne Datum, Monat, Jahreszeit und Temperatur.
- Vergleiche Sommer 2008 und Herbst 2008.

Luft kann sich erwärmen und abkühlen. Deshalb steigt oder sinkt die Lufttemperatur. In Deutschland werden Lufttemperaturen täglich in fast 2 600 Wetterstationen gemessen. Alle Werte werden in Tabellen geschrieben und in Diagrammen dargestellt. Nun kann man genau vergleichen: Welche Temperatur wurde zu welcher Zeit und an welchem Ort gemessen?

Der Schwede Anders Celsius konstruierte 1742 ein Thermometer mit einer Gradeinteilung (Skala). Die Skala wurde später nach ihm benannt. Heute bezeichnet man:
- den Punkt, wo Wasser zu Eis wird, als 0 Grad,
- den Punkt, wo Wasser siedet, als 100 Grad.

1 Was stellt das Säulendiagramm oben dar?

2 Das Diagramm zeigt: Die Lufttemperaturen sinken im Herbst weiter ab.
Versuche zu begründen. Lies noch einmal auf Seite 16 nach.

Temperaturen im Herbst vergleichen

- Messt dazu Temperaturen stets zur gleichen Zeit oder entnehmt sie dem Wetterbericht aus einer Zeitung, aus dem Fernsehen, dem Rundfunk oder …

Füllt eine solche Tabelle aus: Gebt die Temperaturen in Grad Celsius (°C) an.

Datum	Temperatur
15.9.	18 °C
23.9.	14 °C
23.10.	13 °C
23.11.	9 °C

Die Flüssigkeit im Glasröhrchen steigt/sinkt je nach Temperatur.

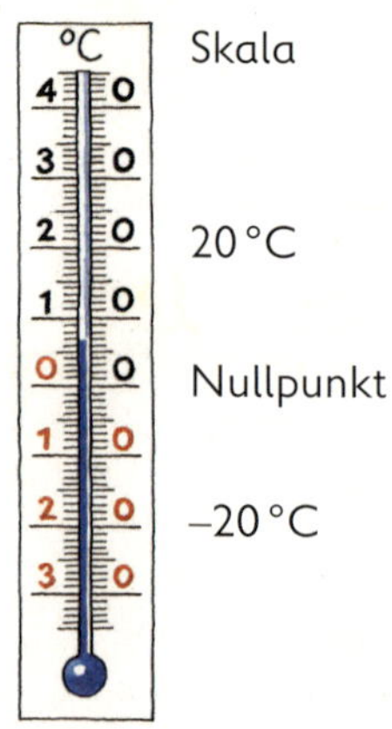

AH S.6
S.6, S.7

... und windiger

Im Herbst lässt oft ein kräftiger Wind Blätter tanzen und Bäume rauschen. Er jagt Wolken oder peitscht den Regen. Mal spüren wir Wind als laues Lüftchen, mal hören wir ihn als heulenden Sturm. Manchmal ist es windstill. Wind ist eine Luftbewegung in eine bestimmte Richtung.
Warum bewegt sich Luft? Wenn zum Beispiel die Sonne in einem Gebiet die Luft erwärmt, steigt dort die warme Luft auf. Ist es dann in Gebieten daneben bewölkt und die Luft dort kühl, sinkt sie zu Boden. Die kühlen Luftmassen strömen dann am Boden dorthin, wo warme Luft aufgestiegen ist.

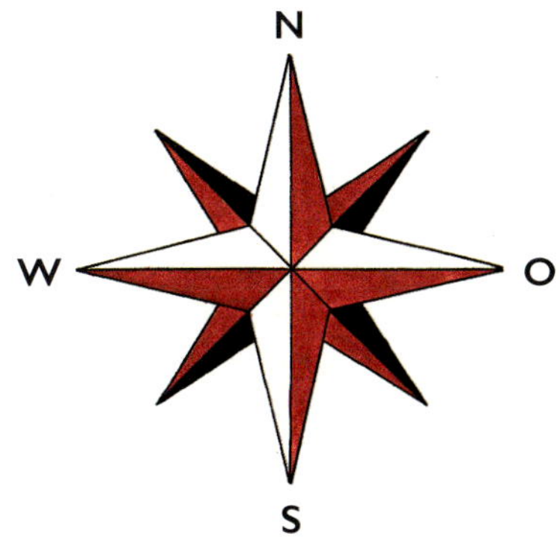

Die Windrose gibt Windrichtungen an: Nord (N), Ost (O), Süd (S), West (W).

Windrichtungen: Woher weht der Wind und wohin weht er?

von West nach Ost

von Ost nach West

von Süd nach Nord

von Nord nach Süd

Der englische Seefahrer Francis Beaufort legte 1806 eine Windskala mit 12 Windstärken an.

Bezeichnung	Windgeschwindigkeit	Auswirkung im Inland	Auswirkung auf See
Windstärke 5 frische Brise	29–38 Kilometer pro Stunde	kleine Bäume schwanken	mäßig lange Wellen mit Schaumkämmen

Solche Symbole für Windstärken und Windrichtungen verwenden wir heute.

0 windstill
Rauch steigt steil empor, Blätter bewegen sich nicht.

3 schwacher Wind
Blätter und dünne Zweige bewegen sich leicht.

4 mäßiger Wind
Blätter und Äste bewegen sich, Staub wirbelt auf.

6 starker Wind
Bäume bewegen sich, Blätter, Dinge wirbeln hoch.

9 Sturm
Äste brechen, Ziegel fallen von den Dächern.

Wer in Wolken „lesen“ kann, weiß, wann Regen kommt

Wolken sind Gebilde aus winzigen Wassertröpfchen oder aus Eis. Der Herbst bringt viele Wolken von den Ozeanen zu uns. Täglich sind andere Wolken zu sehen. Ihre Formen und Farben verwandeln sich ständig – mal sind es graue Berge, mal weiße Schleier. Wolken sind Wetterboten.

Federwolken aus Eis stehen hoch am Himmel. Sie sehen wie Schleier oder Flecken aus. Oft kündigen sie schlechtes Wetter an. Sind sie zerfasert, dann herrscht heftiger Wind.

Schichtwolken aus Eis und Wassertröpfchen stehen mittelhoch am Himmel. Sie bringen viel Niederschlag. Scheint die Sonne durch sie hindurch, sieht diese aus wie eine Scheibe.

Weiße Haufenwolken zeigen: Schon früh schien die Sonne. Erwärmte Luft stieg auf und kühlte dabei ab. Bei hoher Luftfeuchtigkeit bildeten sich Tröpfchen – Schönwetterwolken.

Regenwolken breiten sich als mächtige dunkle Wolken aus. Sie bringen Niederschläge. Eine drohende schwarze Wolkenwand warnt: Es kann heftige Windböen geben, und es kann hageln.

Symbole für die Bewölkung

○ *wolkenlos*	◔ *heiter*	◑ *wolkig*	◕ *stark bewölkt*	● *bedeckt*
Der Himmel ist blau oder sternenklar.	*Nur wenige Wolken sind zu sehen.*	*Wolken und klarer Himmel sind etwa gleich verteilt.*	*Wolken bedecken fast den gesamten Himmel.*	*Wolken bedecken den Himmel vollständig.*

In den Wolken fliegen winzige Wassertröpfchen ständig hin und her. Sie stoßen zusammen und bilden mit anderen Tröpfchen oder Eis schwerere Tropfen oder Eiskristalle. Dann fallen sie nach unten. Werden sie dabei noch schwerer, fallen sie aus der Wolke. Wenn dann die Lufttemperatur unter der Wolke über 0 °C liegt, fällt Regen auf die Erde. Liegt die Temperatur unter der Wolke unter 0 °C, dann fällt Schnee. Schneeflocken bestehen aus Eiskristallen.

Regen

Eine Gewitterwolke quillt schnell zu einem riesigen Turm auf. In ihr jagen orkanartig Winde auf und ab. Sie tragen Wassertröpfchen mit sich. Diese vereisen hoch in der Wolke und fallen als Eiskörnchen wieder herab. Immer mehr Tröpfchen kleben an, die Eiskörner werden größer und schwerer. Von Blitz und Donner begleitet, stürzt dann in großen Tropfen heftiger Regen herab, oft auch Hagel. Hagelkörner aus Eis können so groß werden wie Murmeln, Taubeneier oder sogar Tennisbälle.

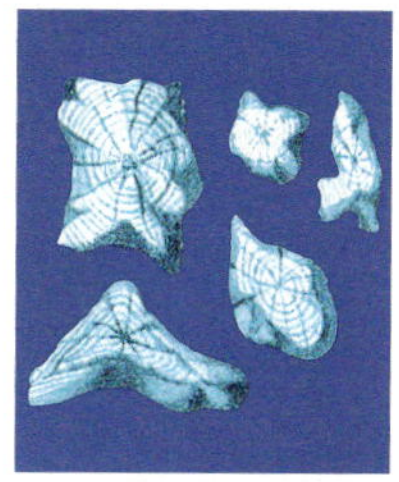

Hagelkörner

Eiskristall

Wenn im Herbst tagsüber die Luft trocken ist und nachts stark abkühlt, dann sind Pflanzen und Autos morgens oft mit Wassertröpfchen bedeckt. Das ist Tau. Fällt die Temperatur nachts aber unter 0 °C, kann alles mit kleinen Eiskristallen überzogen sein. Das ist Reif. Gibt es morgens Tau oder Reif, ist die Luft trocken. Meist folgt dann ein sonniger Tag.

Tau

Nebel ist eine Wolke, die am Boden liegt. Unzählige feine Wassertröpfchen bilden dort einen dichten Schleier.

Regen, Schnee, Tau, Reif und Hagel sind Niederschläge.
Gewitter und Nebel sind Wettererscheinungen.

Reif

Symbole für Niederschläge und					Wettererscheinungen	
Regen	Schnee	Tau	Reif	Hagel	Nebel	Gewitter

Das Wetter beobachten und vorhersagen

Früher schrieben vor allem Bauern und Seeleute Wetterbeobachtungen auf. Beobachtungen, die über Jahre ähnlich waren, dienten als Wettervorhersagen. Sie sind als Wetter- oder Bauernregeln bekannt. Oft trafen sie zu, oft aber auch nicht. Heute kann das Wetter mit einiger Sicherheit für etwa drei Tage vorausgesagt werden. Für Wetterbeobachtungen könnt ihr Hilfsmittel nutzen:

So könnt ihr damit Wetterbeobachtungen durchführen:

Das Wetter beobachten

- Beobachtet und misst im Freien täglich zur gleichen Zeit: Temperatur im Schatten (in etwa 1 m Höhe), Bewölkung, Wind, Niederschlag, Sonnenaufgang, Sonnenuntergang.
- Seht morgens nach, ob Tau oder Reif liegt.
- Schreibt die Ergebnisse in eine Tabelle.

Wettertabelle im Herbst					
Datum	10.10.	11.10.	12.10.	13.10.	14.10.
Uhrzeit	12.00	12.00	12.00	12.00	12.00
Temperatur in °C	11	13	12	5	4
Bewölkung	●	◑	◔	○	○
Niederschlag	⊘			⌓	⌓
Windstärke Windrichtung	○—	○|	○|	○	○
Sonnenaufgang	7.36	7.38	7.40	7.42	7.44
Sonnenuntergang	18.41	18.39	18.37	18.35	18.33

Eine Wettertabelle führen

- Richte die Tabelle für 5 Tage ein. Beschrifte den Tabellenkopf: Überschrift, Datum, Uhrzeit. Fülle die erste Spalte aus.
- Lege eine Übersicht mit Wettersymbolen bereit.
- Trage deine Beobachtungen täglich ein.

1 Führe eine solche Tabelle in jeder Jahreszeit. Beschreibe das Wetter. Vergleiche deine Beobachtungen mit Wetterberichten für eure Region.

Das Wetter auf der Erde wird vor allem von der Sonne, der Luft und dem Wasser beeinflusst. Wissenschaftler aus aller Welt, die das Wetter beobachten und auswerten (Meteorologen), tragen dazu Informationen zusammen. Sie nutzen dafür moderne Technik.

Satelliten senden vom Weltraum Bilder, die Wolkenbewegungen über allen Erdteilen zeigen.

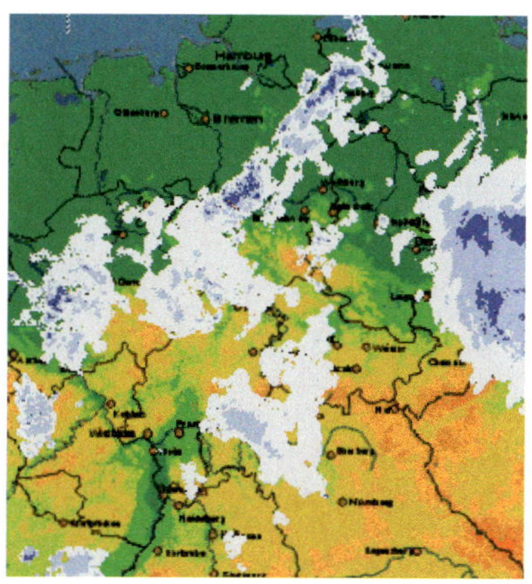

Radarbilder zeigen die Menge von Niederschlägen in einem bestimmten Gebiet.

In vielen Wetterstationen wird weltweit gleichzeitig das aktuelle Wetter beobachtet und gemessen.

Aus allen Informationen ermitteln Computer, wie sich das Wetter entwickeln kann. Du kannst den Wetterbericht für deinen Ort in Zeitungen, im Fernsehen, im Internet … nachlesen.

S. 4, S. 5

Wetterberichte auswerten

Wie wird das Wetter? Diese Frage stellen sich nicht nur viele Menschen, die in ihrem Beruf mit dem Wetter zu tun haben, sondern alle, die draußen unterwegs sind. Wer im Winter zu Fuß geht, mit dem Rad oder dem Auto fährt, will zum Beispiel wissen, ob es draußen glatt ist. Landwirte fragen sich im Sommer, ob es trocken bleibt, denn bei der Ernte darf das Getreide nicht nass sein. Wer eine Veranstaltung im Freien besucht, will sich wettergerecht kleiden.

1 Schreibe in eine Tabelle:
Wer braucht Wettervorhersagen? | Begründung

Wettervorhersagen gibt es mehrmals täglich in verschiedenen Medien.

In der Zeitung

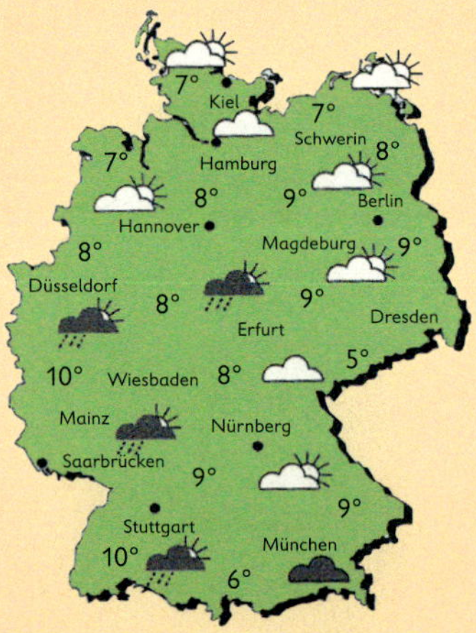

Die Wetterzeichen bedeuten:

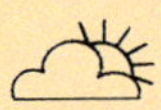
zeitweise sonnig, dichtere Wolken

Regenschauer, zeitweise sonnig

stark bewölkt

trocken, einzelne Tropfen

Im Fernsehen

Im Radio

Im Internet

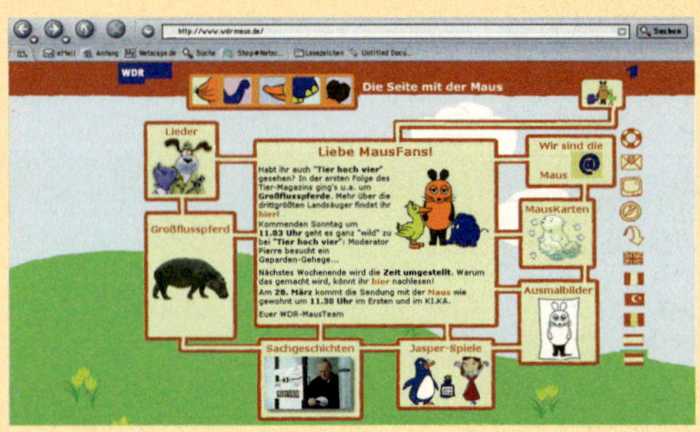

Suchwörter:
Wetter,
Wettersymbol,
Wetter heute,
Wetterbericht

Miteinander leben

Wie leben Familien hier und anderswo?
Welche Feste feiern Kinder in anderen Ländern?
Was sind Statussymbole?

Wie Familien leben

Vivian Mutti ist Verkäuferin und Vati arbeitet bei einer Transportfirma. Er ist viel unterwegs. Leider habe ich keine Geschwister, aber ich wünsche mir so sehr einen kleinen Bruder.
In meiner Freizeit spiele ich Fußball im Verein. Ich sehe auch gern fern, am liebsten Fußball mit Papa.
Und ich koche gern. Mit Mutti gehe ich öfter einkaufen. Wir beraten dann, was wir am Wochenende kochen. Am liebsten esse ich Eintopf mit Fleisch, Kartoffeln und Gemüse. Das kann ich schon zubereiten.

Kingsley Mein Papa ist in den USA geboren. Er hat in Deutschland eine gute Arbeit in einer Computerfirma. Als er so alt war wie ich, war er mit seinen Pfadfindern oft zelten. Da hat er kochen gelernt.
Seine Spagetti mit Meatballs und einer süß-scharfen Preiselbeer-Chili-Soße schmecken wirklich toll.
Das Rezept hat er von meiner Oma. Ich nehme es auch mit in die Klasse – dort stellen wir Rezepte aus aller Welt vor. Mein großer Bruder ist jetzt für ein Jahr bei unserer Oma in Amerika, er geht dort zur Schule. In der Freizeit arbeitet er in einem Hospital.

1 Lies, was Vivian oder Kingsley oder Laura (Seite 27) über den Alltag in ihrer Familie berichten. Schreibe auf, wie du dir einen Tag in einer dieser Familien vorstellst.

2 Lest zuerst alle Berichte über Vivians Tag vor und vergleicht sie. Lest dann die Berichte über Kingsleys Tag vor und vergleicht.

3 Lest zuletzt alle Berichte über Lauras Tag vor. Vergleicht wieder eure Berichte.

In der Familie: geborgen sein • Vertrauen haben • Verantwortung übernehmen

Laura Meine Eltern sind geschieden. Ich habe zwei Schwestern, eine große und eine kleine. Wir verstehen uns gut. Wir helfen unserer Mutti auch im Haushalt, denn sie arbeitet im Krankenhaus im Schichtdienst. In den Ferien fahren wir zu unserem Vater nach Kroatien. Er ist jetzt mit Mila, einer Kroatin, verheiratet. Sie wohnen in Zagreb und haben dort ein kleines Imbiss-Restaurant. Mila kocht dort für uns ein kroatisches Sarma, das sind Krautrouladen mit Reis und Fleisch. Das essen wir besonders gern und die Gäste auch.

Jeder Mensch wächst in einer besonderen Kultur auf und lebt in seiner Familie auf besondere Weise. Vivians Eltern sind in Deutschland geboren, Kingsleys Vater stammt aus den USA und Lauras Vater aus Kroatien. In Ländern oder in Gruppen leben die Menschen nach eigenen Bräuchen. Sie sprechen unterschiedliche Sprachen, feiern ihre besonderen Feste, spielen ihre Musik mit eigenen Musikinstrumenten und kochen Speisen nach Rezepten, die sie von den Eltern kennen.

4 Was können Vivian, Kingsley und Laura von ihren Eltern erfahren und lernen?

5 Befragt euch gegenseitig:

Was kann ich von dir erfahren oder kennen lernen?
- Einen schönen Brauch, den du kennst.
- Interessante Wörter aus einer Sprache, die du sprichst.
- Eine leckere Speise, die du magst.
- Ein tolles Fest, das du feierst.
- …

Verständnis haben • Liebe erfahren und geben • Konflikte bewältigen

Alle leben anders und miteinander

Wie leben Kinder, die nicht sehen oder hören können?

Niklas berichtet:

Lea schreibt:

Ich würde gern einmal Mamas Stimme hören oder nach Musik tanzen. Ich erlerne die Gebärdensprache, aber die kann nicht jeder. Mit einer Mundbildschrift lerne ich schreiben, das ist auch nicht leicht.

1 Betrachte das Bild. Erzähle, was du über diesen Jungen erfährst.

2 Lies, was Niklas und Lea meinen. Sprecht darüber. Informiert euch weiter.

Ein Jugendlicher erfindet die Blindenschrift
Louis Braille wurde 1809 bei Paris geboren. Mit 3 Jahren erlitt er einen Unfall und erblindete mit 5 Jahren. Die Eltern lasen ihm viel vor, doch er war wissbegierig und wollte gern selbst Bücher lesen. Seit dem 11. Lebensjahr probierte er, eine Schrift für Blinde zu erfinden. Mit 16 Jahren fand er die Lösung, eine Punktschrift. Er hatte sich ein Schriftmuster mit 6 Punkten ausgedacht. Auf jedem Muster machte er einige Punkte für die Finger fühlbar. Er kombinierte die fühlbaren Punkte immer anders, sodass sich alle Buchstaben des Alphabets abbilden ließen. Brailles Punktschrift wird bis heute verwendet. Sogar an Computern kann man in Punktschrift schreiben.

Louis Braille

3 Versuche diesen Satz zu „lesen“.

Auch Kleinkinder ...

4 Was erfährst du aus diesen Bildern? Erzähle.

Menschen, die gehörlos sind, können sich mit einer besonderen Zeichensprache verständigen. Man nennt sie Gebärdensprache. Sie besteht aus kombinierten Zeichen der Hände, der Mimik, des Mundes und des Körpers. Es ist nicht leicht, die Gebärdensprache zu erlernen, deshalb besuchen gehörlose Kinder meist auch besondere Schulen.

5 Versuche eine dieser kleinen Geschichten mit Gebärden zu erzählen. Was stellt ihr als Vortragende und als Zuschauer fest?

Heute scheint die Sonne heiß. Lea und ihre Freundin kaufen sich ein großes Eis. Es schmeckt nach Himbeeren und Schokolade.

Luis und Ben sehen auf dem Schulweg einen kleinen Hund. Sie wollen ihn in die Schule locken. Doch der Hund hört einfach nicht auf sie.

Vor der Tür lag etwas Seltsames. Es sah aus wie ein Wollknäuel mit Ohren. Es schnurrte leise, fühlte sich nass an und roch ein bisschen nach Fisch. Was ist es wohl?

★ Denkt euch kleine Geschichten aus. Wenn ihr bestimmte Zeichen verabredet, könnt ihr auch eine Geheimsprache sprechen.

So leben Kinder anderswo

Materialpaket: Wir informieren uns über ein Land

Fahne		Wie sieht die Fahne aus?
Landkarte	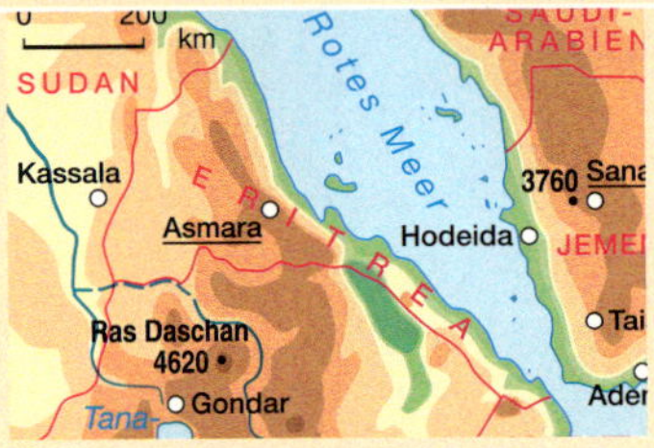	Wo liegt das Land?
Bilder von der Landschaft		Wie sieht die Landschaft aus? Welche Tiere leben dort?
Bilder von Menschen und Tieren		Wie leben und arbeiten die Menschen? Was essen sie?
Bücher über das Land, Internetadressen	Welche Sprache wird gesprochen? Wie sind die Menschen gekleidet? Welche Feste feiern sie? Welchen Schmuck tragen sie? Mit welchen Instrumenten machen sie Musik?	

Ein Materialpaket zusammenstellen

- Findet ein Thema.
- Sammelt Material.
- Gebt Einzelnen, Partnern oder Gruppen Aufträge.
- Legt für die Abgabe einen Termin fest.
- Sortiert gesammeltes Material in Kisten.
- Legt Listen an: Wer hat was mitgebracht?
- Wählt Material aus.
- Gebt geliehene Dinge danach zurück.

★ Findet selbst noch Fragen und sucht nach Antworten.

1 Gestaltet mit dem Material Vorträge oder eine Ausstellung oder eine Wandzeitung.

AH S.10 S. 4, S. 5

Diese Kinder leben in Eritrea in Nordostafrika. Bruder und Schwester sammeln Feuerholz. Oft müssen sie beim Suchen lange und beschwerliche Wege gehen.
Viele Kinder in Eritrea lernen nicht lesen und nicht schreiben. Sie können keine Schule besuchen, weil sie ihre Familien unterstützen müssen. Sie hüten Vieh, betreuen jüngere Geschwister, holen Wasser, suchen Tierfutter und Brennstoffe oder bereiten das Essen zu.
Die meisten Familien bauen Nahrungsmittel selbst an. Auch bei der Feldarbeit helfen die Kinder. Ihre Arbeitskraft ist oft der einzige Reichtum der Familien.

Damit die Kinder zur Schule gehen können, werden im Land nach und nach Schulen gebaut. In diese Schule kommen Kinder aus den nahen Dörfern.
Sie besuchen die erste bis fünfte Klasse.
Hier wurde ein Brunnen gebaut.
Das ist sehr wichtig, damit die Kinder sauberes Trinkwasser haben und gesund bleiben. Noch gibt es nicht an jeder Schule Trinkwasser.
In Eritrea ist es oft sehr heiß, lange Zeit regnet es kaum. Dann wieder regnet es eine Zeit sehr lange und heftig.

2 Sammelt weitere Informationen über Kinderarbeit in einigen Ländern. Versucht Ursachen zu ergründen.

3 Sprecht darüber, warum noch viele Kinder in der Welt hungern.

Feste aus aller Welt

Überall auf der Welt feiern die Menschen Feste.
Sie kommen zusammen, um miteinander zu reden, zu musizieren, zu essen und zu trinken.
Sie wollen sich gemeinsam freuen, tanzen und ausgelassen sein.

1 Sprecht darüber, was ihr auf Feiern macht.

2 Gestalte ein Kärtchen zu einem Fest, das du kennst. Hier findest du Musterkärtchen.

Ostern in Deutschland

Zeit: erster Sonntag nach dem ersten Frühjahrsvollmond

Die Christen gedenken am Ostersonntag der Auferstehung Jesu Christi von den Toten. Sie feiern Ostern in der Kirchengemeinde und in der Familie.
Die Fastenzeit ist beendet.
Mit dem Osterfest sind viele Bräuche verbunden: ...

Raksha Bandhan in Nordindien

Zeit: August

Raksha Bandhan ist das Fest der Liebe zwischen Schwester und Bruder.
Raksha bedeutet Schutz und Bandhan Bindung.
In einer feierlichen Zeremonie schenkt die Schwester dem Bruder ein selbst geflochtenes Armband.

Der Bruder bedankt sich mit einer Gabe, manchmal schenkt er der Schwester einige indische Rupien, bei uns wären das ein paar Cent. Bruder und Schwester wünschen einander, gesund zu bleiben und füreinander da zu sein, auch wenn sie größer werden.

Wir flechten einen Rakhi für unsere Geschwister oder wir schenken das Band einer Freundin oder einem Freund.

S. 4, S. 5

Halloween in den USA

Zeit: letzte Nacht im Oktober

Dieses Fest ist sehr alt. Früher fürchteten die Menschen, dass böse Geister in dieser Nacht Unheil anrichten. Um sie fernzuhalten, stellten sie brennende Kerzen in ausgehöhlte Kürbisse.

Heute verkleiden sich die Kinder als Geister. Sie erschrecken die Nachbarn mit dem Ruf „Trick or treat“ – „Spende oder Streiche“. Sie bekommen dann Süßigkeiten.

Wir schmücken uns als Geister und feiern Halloween.

Neujahrsfest in China

Zeit: Es beginnt am ersten Tag des chinesischen Kalenders, meist im Februar, und dauert 15 Tage.

Das chinesische Neujahr ist eines der buntesten Feste der Welt. Zunächst reinigen die Familien ihre Häuser, um das Unglück des letzten Jahres zu vertreiben. Sie schmücken die Räume mit Pfirsichblüten, das soll Glück bringen.
Feuerwerkskörper an der Tür vertreiben böse Geister.
Die Familien besuchen Verwandte und Freunde.
Als Glücksbringer schenken sie einander leuchtend orangefarbene Mandarinen mit Blättern.
Die Kinder bekommen rote Päckchen mit Glücksgeld.

Wir informieren uns über die Symbole des chinesischen Neujahrsfestes.

S. 4, S. 5

Brauchen Kinder Geld?

Nein, meine Eltern kaufen mir alles.

Ja, ich kriege Geld für gute Zensuren.

Ich bekomme manchmal von Oma Geld. Davon kaufe ich mir Kaugummi.

Ich bin für eigenes Geld, da lernt man sparen.

Nein, ich würde immer gleich alles für Unsinn ausgeben.

Ich kriege regelmäßig Taschengeld. Wenn ich etwas kaufe, weiß ich, was teuer und was billig ist.

Ich helfe unserer Nachbarin. Die gibt mir oft etwas Kleingeld.

1 Was meint ihr zu den Aussagen der Kinder?

Wie kannst du dein Geld gut einteilen, es sparen oder sinnvoll ausgeben? Wenn du Taschengeld hast, dann solltest du gut überlegen, was du mit dem Geld machst: Es sofort für schöne Dinge ausgeben, die du gerade siehst? Oder für einen größeren Wunsch sparen? Manchmal möchtest du etwas haben, aber das Geld ist ausgegeben, oder es reicht nicht. Ein kleines Haushaltsheft kann dir helfen, den Überblick zu behalten. Du schreibst Einnahmen und Ausgaben auf und auch deine Wünsche. Dann kannst du überblicken, ob du sparen musst, um eine größere Sache anzuschaffen.

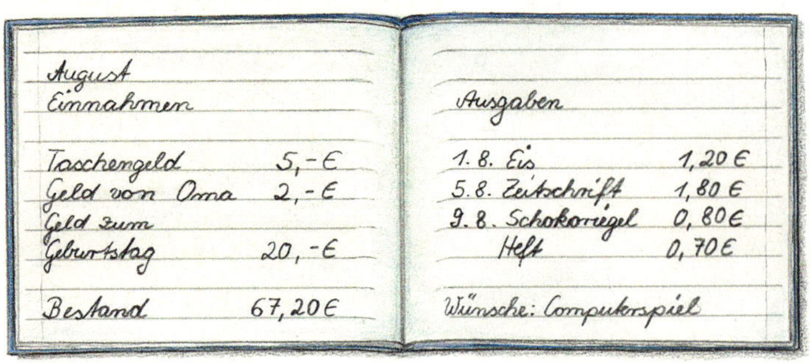

2 Stelle in einer Liste Dinge zusammen, die du wirklich brauchst.

3 Stelle in einer zweiten Liste Dinge zusammen, die du besitzt und eigentlich nicht brauchst.

4 Schau dir die Listen in einem halben Jahr noch einmal an. Was denkst du jetzt über deine Aufzeichnungen?

★ Es gibt auch Wünsche, die man mit Geld nicht erfüllen kann. Welche Wünsche fallen dir dazu ein?

AH S.11, 12

S.12, S.13

Verlockend für Mädchen und Jungen

Werbung verlockt auch Kinder zum Kaufen,
Mädchen und Jungen unterschiedlich.

Werbefachleute untersuchen zum Beispiel ganz genau:

- Was wünschen sich Mädchen?
- Mit wem spielen Mädchen und wie spielen sie?
- Was wünschen sich Jungen?
- Mit wem spielen Jungen und wie spielen sie?
- Wie kann man bei Mädchen und Jungen Wünsche wecken?

Das haben sie herausgefunden:
Mädchen spielen oft mit zwei, drei Freundinnen zusammen.
Sie sprechen gern mit ihren Freundinnen und mit ihrem Spielzeug. Sie schmücken sich gern.
Jungen nehmen gern etwas auseinander und bauen.
Viele Kinder sammeln gern – Figuren, Autos, Sticker …

Die Hersteller haben daraufhin diese Sachen entwickelt:

Für Mädchen

Für Jungen

Für Mädchen und Jungen

1 Findet Beispiele, wie Mädchen und Jungen zum Kaufen verlockt werden.
Was soll verkauft werden?

Statussymbole

1 Betrachtet das Bild und diskutiert darüber:
- Was wollen Gero, Leona und Eddy den anderen Kindern zeigen?
- Vermutet, was die anderen Kinder denken und fühlen.

Gero, Leona und Eddy zeigen sich mit ihren Statussymbolen.
Ein Statussymbol soll zeigen: Ich habe und bin etwas Besonderes.
Statussymbole gibt es auch bei Erwachsenen.
Mit einem Statussymbol wollen sich Menschen von anderen abgrenzen, sich also unterscheiden und abheben.

2 Denke darüber nach und besprecht gemeinsam:
- Besitze ich Statussymbole?
- Gewinne ich durch Statussymbole mehr Freundinnen oder Freunde?

Besitz als Statussymbol;
Wirkung auf das Zusammenleben von Menschen

Das Auto: Statussymbol oder Notwendigkeit?

Ich fahre mein altes Auto, bis es nicht mehr durch den TÜV kommt.

Herr Meyer

Mein Mann fährt einen großen Mercedes. Das muss bei seinem Beruf als Rechtsanwalt sein.

Frau Lech

Ein Auto wäre toll. Aber wir können uns keins leisten.

Herr Wieland

Ich brauche ein kleines Auto, um vom Dorf zur Arbeit in die Nachbarstadt zu kommen.

Frau Rona

Ich bin Handelsvertreterin für Sportartikel und muss Verkaufsprodukte zeigen. Deshalb brauche ich ein Auto mit einer großen Ladefläche.

Frau Staven

Wir brauchen kein Auto. Alle in der Familie fahren mit dem Stadtbus zur Arbeit und zur Schule.

Herr Abraham

Unsere Nachbarn haben sich ein neues Auto gekauft. So eins würden wir auch gern haben.

Herr Olwig

Natürlich haben wir ein Auto, wie sollen wir sonst mit unseren vier Kindern in den Urlaub fahren?

Frau Eckart

Eine Aussage stützen oder verwerfen

- Lies die Aussage.
- Bilde dir eine eigene Meinung zu dieser Aussage.
- Bringe deine Meinung vor und begründe sie.
  Nutze zum Begründen die Wörter:
  Ich finde …, weil …/denn …
  Einerseits … anderseits …
  Ich meine …, deshalb …

1 Der Besitz eines Autos wird von den einzelnen Personen ganz unterschiedlich bewertet. Welche Aussagen erscheinen überzeugend und sinnvoll?

2 Ist das Auto ein Statussymbol? Welche Meinungen gibt es dazu in eurer Klasse?

Einen Aktionstag planen

Wahl des Themas:
Alle Klassen der Schule wollen eine Aktion zu einem gemeinsamen Thema durchführen.
- Die Kinder schlagen Themen vor.
- In jeder Klasse wird über die Themen abgestimmt.
- Das Thema, das die meisten Klassen gewählt haben, ist Thema des Aktionstages.

Tipps für die weitere Planung:
- Ideen zum Thema sammeln
- Ort der Aktion bestimmen
- Aufgaben verteilen
- Material sammeln
- Hilfe besorgen
- Zeitplan aufstellen

Tipps für die Aktion:
- Betreuer an den Stationen bestimmen
- Material übersichtlich bereitlegen
- Stationsbesucher beraten
- nach der Aktion Ordnung schaffen

Tipps zur Auswertung:
- Welche Station war besonders beliebt?
- An welcher Station gab es Schwierigkeiten?
- War die Zeit gut geplant?

Vielleicht habt ihr Lust, auch einen Aktionstag zu starten.

1 Welches Thema interessiert dich? Schreibe deine Vorschläge für einen Aktionstag auf einen Zettel.

2 Einigt euch in der Klasse auf ein Thema.

3 Erstellt einen Plan für eure Aktion.

Zeitplan:

8.00 Uhr bis 9.00 Uhr	Einweisung und Vorbereitung in den Klassen 
9.00 Uhr bis 10.30 Uhr	Arbeit an den Stationen 
10.30 Uhr	Pausenspiele

Im Winter

Wie verändern sich Pflanzen, Tiere und das Wetter im Winter?
Wie stelle ich mich auf den Winter ein?
Wie entstehen Eiszapfen?

Wie Pflanzen überwintern

Die Kastanie wirft im Herbst ihre Blätter ab. Jetzt ist ihre Wuchsform deutlich zu erkennen. Bereits im Sommer, als der Baum reichlich Nährstoffe zum Wachsen hatte, legte er seine Knospen an. Es sind große, klebrige Knospen, aus denen im Frühjahr neue Blätter und Blüten sprießen werden. Nun aber ist der Baum in der Winterruhe. Alle Lebensvorgänge laufen langsam ab. Kastanien sind mehrjährige Pflanzen.

Kastanienknospe

Längsschnitt durch eine Kastanienknospe

Andere Pflanzen überdauern den Winter durch ihre unterirdischen Speicherorgane.

Schneeglöckchen

Veilchen

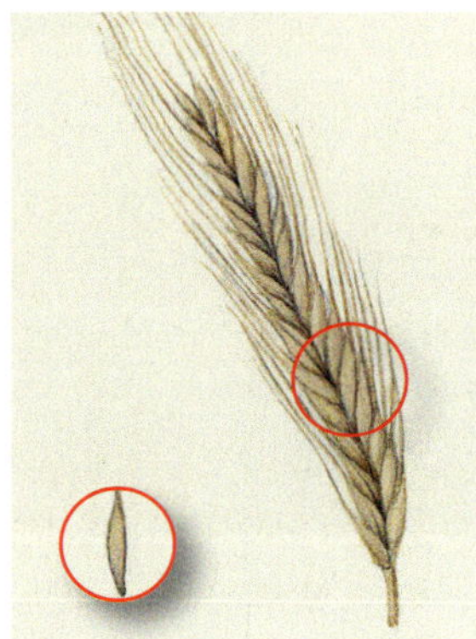
Roggen

Keimling aus einem Roggensamen

Das Schneeglöckchen hat eine Zwiebel und das Veilchen einen Wurzelstock. Darin haben die Pflanzen im Vorjahr Nährstoffe gesammelt und gespeichert. Schneeglöckchen sind mehrjährige Pflanzen. Veilchen können einjährig oder mehrjährig sein.

Roggen überdauert den Winter als Samen. Die Samenkörner reifen im Sommer in den Ähren. Sie enthalten viele Nährstoffe und auch den Keimling. Aus ihm entwickelt sich im nächsten Jahr eine neue Pflanze. Roggen ist eine einjährige Pflanze.

1 Schreibe Wörter aus dem Text auf, die du nicht verstehst. Schaue im Lexikon oder im Internet nach, was sie bedeuten.

AH S.13

S. 4

Wie Tiere überwintern

Igel halten Winterschlaf.
Im Winter finden sie kaum Futter.
Sie fressen sich im Sommer ein Fettpolster an und schlafen 5 bis 6 Monate.

Eichhörnchen halten Winterruhe.
Sie schlafen oder ruhen mehrere Tage in ihrem Nest und suchen dann aber draußen wieder nach Nahrung.

Frösche kriechen bei Kälte unter Baumwurzeln, in Erdlöcher oder in den Schlamm der Gewässer.
Hier verharren sie regungslos in Winterstarre.

1 Informiere dich im Internet über weitere Tiere, die Winterschlaf oder Winterruhe halten oder in Winterstarre fallen.

2 Wie überwintern Störche und Schwalben?

Viele Tiere sind auch im Winter auf Nahrungssuche unterwegs. Im Schnee sehen wir Fußspuren von Meisen, Krähen, Tauben und Sperlingen.
Im Wald und im freien Feld findest du Spuren und Fährten von Reh, Wildschwein, Feldhase, Fuchs, Maus und Eichhörnchen.
Erkennst du sie?

Zum Winter wird das Fell des Feldhasen dichter und dicker. Sein Winterkleid ist graubraun bis weißlich.
Als Einzelgänger ist er allein unterwegs.
Besonders in der Dämmerung sucht er Futter, zum Beispiel Knospen, Triebe und auch Baumrinde.
Schon im Januar paaren sich die Hasen.
Sechs Wochen später bringt die Häsin in einer Erdmulde auf dem Feld etwa fünf Junge zur Welt. Sie haben schon Fell und Zähne und können sehen.

AH S.13

S. 4

Sich vor Kälte schützen

Temperaturen mit der Haut messen

Ihr braucht:
- 3 Schüsseln
- Wasser verschiedener Temperaturen
- Thermometer

Geht so vor:
- Füllt je eine Schüssel mit kaltem, lauwarmem und warmem Wasser.
- Taucht eine Hand in warmes und dann in lauwarmes Wasser.
- Taucht die andere Hand in kaltes und dann in lauwarmes Wasser.
- Beschreibt eure Empfindungen.

Wie die Haut die Temperatur „misst“, könnt ihr auch in anderen Situationen erfahren: In einem ungeheizten Hausflur treffen zwei Kinder zusammen. Das eine Kind kommt von draußen, das andere aus einer geheizten Wohnung.

1 Vermutet: Wie werden die Kinder die Temperatur im Hausflur empfinden? Probiert es selbst einmal aus.

Ob dir warm ist oder kalt, hängt auch davon ab, was du machst. Wer an einem kühlen Wintertag lange an der Haltestelle warten muss, wird bald frieren. Wer den Weg zum Bus gerannt ist, dem ist warm. Wie kalt es draußen wirklich ist, kann dein Körper nicht genau empfinden. Deshalb kannst du dich leicht unterkühlen, bevor du es merkst. Du musst dich vor Kälte schützen.

2 Nenne Beispiele, wie Tiere im Winter vor Kälte geschützt sind.

Vielen Säugetieren wächst ein dichteres Fett. Manche fressen sich eine dicke Fettschicht an.

Vögel bekommen ein dichteres Federkleid. Wenn es kalt ist, plustern sie ihr Gefieder auf.

So kannst du dich vor Kälte schützen:
Kleidung kann dich vor Kälte schützen. Zwischen der Kleidung und deinem Körper ist eine Luftschicht.
Dein Körper erwärmt die Luft. Deine Kleidung bewirkt, dass die warme Luft drinnen bleibt und die kalte Luft draußen.

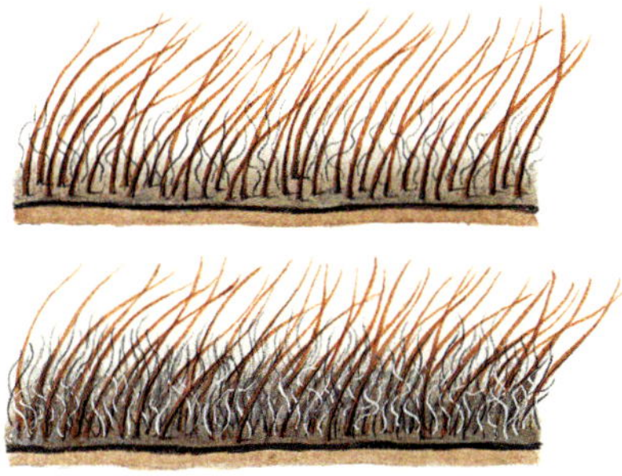

Die „Kleidung“ der Säugetiere ist ihr Fell. Winterfell hat mehr Wollhaare. Zwischen den Haaren bleibt die warme Luft am Körper.

Wollfäden sind meist aus Tierhaaren gesponnen. Sie schließen viel Luft ein und halten deshalb schön warm.

Wer mehrere Kleidungsstücke übereinanderzieht, wird durch die warmen Luftschichten zwischen den Teilen gewärmt.

Fettcreme schützt deine Haut, zum Beispiel im Gesicht. Wie die Fettschicht mancher Tiere, lässt das Fett auf deiner Haut die Frostluft nicht an dein Gesicht.

Bewegung wärmt dich: wenn du rennst, hüpfst, die Hände reibst … Wenn du dich bewegst, arbeiten deine Muskeln. Dabei entsteht Wärme und dir wird warm.

Warum zittern wir und bekommen Gänsehaut:
Wenn du zitterst, versucht dein Körper selbst Wärme zu erzeugen. Er lässt Muskeln zittern. Dabei entsteht Wärme, aber nicht genug, um dich vor Unterkühlung zu schützen. Besser ist, du bewegst dich selbst, dann wird dir warm.
Und warum haben wir manchmal eine Gänsehaut?
In früherer Zeit hatten die Menschen viel mehr Körperhaare – fast wie ein Affenfell. Wenn es kalt war, richteten kleine Muskeln die Härchen auf. Wie ein Pullover hielten die Härchen damit die warme Luft zwischen dem Fell und dem Körper. Heute haben wir weniger Haare, aber die kleinen Muskeln sind noch da. Sie wollen ein Fell aufstellen, das wir nicht mehr haben.

★ Was erzählt dieses alte Bild vom Leben der Menschen im Winter?

Gefahren einschätzen lernen

1 Beschreibe die Situation auf jedem Bild.
Vermute, was passieren könnte.

2 Stellt Tipps zusammen: Wie wir uns bei Wintergefahren verhalten.

★ Suche aktuelle Nachrichten über Unfälle im Winter und berichte davon.

S. 4, S. 5

Bei Gefahren helfen

A

B

C

D

1 Welche Bilder auf den Seiten 44 und 45 passen zusammen? Erzähle dazu.

2 Wie hilft die Feuerwehr?
Informiert euch darüber in Sachbüchern, bei einem Besuch in einer Feuerwache, im Internet.

Orientierung für das Verhalten bei Wintergefahren;
Unfallmeldung, Rettungsdienst

S. 4, S. 5

Rätselhaftes im Winter

Mein Winter-Forscher-Buch

❶ Ich entdecke und erkläre: An kalten Wintertagen kann ich meine Atemluft sehen. Warum?

❷ Ich untersuche und vergleiche: Verändert sich ein Schneeball, den ich 3 Tage in ein Gefrierfach lege, oder nicht?

❸ Ich frage nach: Womit streut der Winterdienst, wenn die Straßen unseres Ortes glatt sind?

❹ Ich fotografiere und lese nach: Wie entstehen solche Eiszapfen?

Ergebnis ❹:
Der Winter ist lang und kalt, tagsüber aber scheint die Sonne. Sonne und warme Wohnungen lassen den Schnee auf dem Dach schmelzen. Langsam rinnt Schmelzwasser die Dachkante herab. Tropfen treten über, einer, noch einer und so weiter.
Wo es kälter ist, wie unter der Dachkante, gefrieren Tropfen wieder, einer am anderen. Langsam wachsen kleine Eiszapfen und werden länger und breiter.

❺ Ich experimentiere: Ich fülle Wasser in ein Plastik-Ei. Dann lege ich es 6–8 Stunden in ein Gefrierfach oder bei Kälte nach draußen.

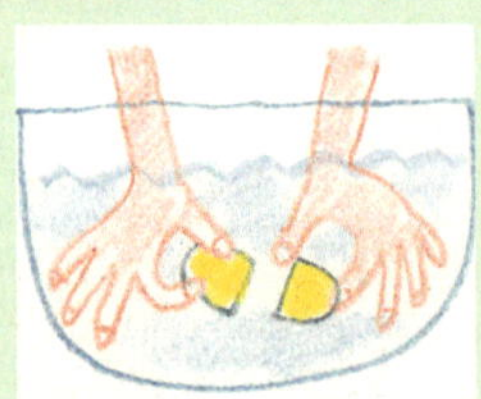

AH S.14

Das tut mir gut

Was sagt die Nahrungspyramide über gesundes Essen?
Warum sind Drogen gefährlich?
Wie kann ich im Notfall erste Hilfe leisten?

Gefühle wahrnehmen – ohne Worte sprechen

Ich stelle mir vor, ich bin der Junge, der ...

Wenn du eine solche Situation erlebst, dann reagiert dein Körper. Du fühlst vielleicht, wie du Angst bekommst. Oder du läufst schneller, um von den Jungen wegzukommen. Du bist vielleicht wütend über die Worte, obwohl du sie nur hörst und die Jungen gar nicht mehr siehst. Die anderen sehen einen rennenden Jungen. Wenn sie die Worte der schreienden Kinder nicht gehört haben, denken sie vielleicht, der Junge laufe ins Freie, weil er endlich Pause hat.

Die Situation zeigt, dass Menschen sich mit Worten verständigen, aber der Körper auch ohne Worte spricht. Das „Sprechen" ohne Worte heißt Körpersprache.

1 Betrachte die beiden Fotos. Finde passende Bildunterschriften.

2 Beschreibe die Situationen. Woran erkennst du, wie sich die Kinder fühlen?

AH S.15

S. 2

Deine Körperhaltung, die Bewegungen von Armen und Beinen, deine Stimme und dein Gesicht zeigen, was du fühlst: ob du dich freust oder ärgerst, traurig oder ängstlich bist, ob du wütend oder besorgt bist oder auch, ob du schwindelst.

3 Meist verstehen wir den Gesichtsausdruck anderer Menschen von unserem Gefühl her richtig. Was zeigt dieses Gesicht?

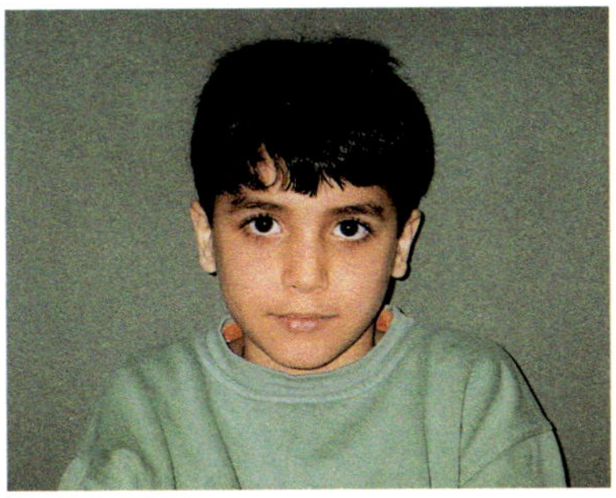

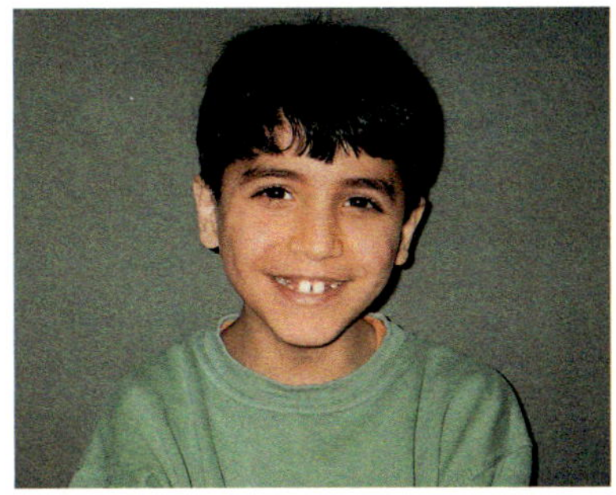

4 Schaue in einen großen Spiegel. Stell dir nun vor:
Du freust dich, du bist ängstlich, du bist überrascht, du ärgerst dich, du ekelst dich, du schämst dich.
Zeige diese Gefühle mit deiner Körpersprache.

★ Ein Rollenspiel:

Du sitzt mit gesenktem Kopf …

Du kratzt dich am Kopf …

Du ziehst die Mundwinkel nach oben …

Du kneifst die Lippen zusammen …

- Versteht deine Partnerin/dein Partner deine Gefühle? Tauscht euch dazu aus.
- Wie fühlst du dich dabei?

Nicht nur andere Menschen beeinflussen deine Gefühle, sondern auch deine eigenen Gedanken. Wenn du denkst: Das schaffe ich locker, bist du entspannt und glücklich. Auch ein Lächeln stärkt dich. Du fühlst dich gut. Wenn du im Kopf unsicher bist, wirkst du ängstlich. Misserfolge in der Schule können dir die Freude am Lernen nehmen und deine Leistung verringern. Versuche deshalb in schwierigen Situationen immer zu fragen: Was kann ich tun, um wieder zufrieden und froh zu sein?

Die Nahrungspyramide

Für alle Lebensvorgänge braucht dein Körper Nährstoffe und Flüssigkeit. Nahrung gibt dir Energie zum Wachsen, zum Denken oder um dich zu bewegen. Sie enthält auch Mineralstoffe und Vitamine, die deinen Körper gesund und schön erhalten. Diese Nahrungspyramide zeigt dir, wie du dich gesund ernähren kannst. Wie eine Ampel zeigt sie an, was du beachten musst. Je breiter die Pyramide, umso wichtiger sind die Lebensmittel für deine Ernährung.

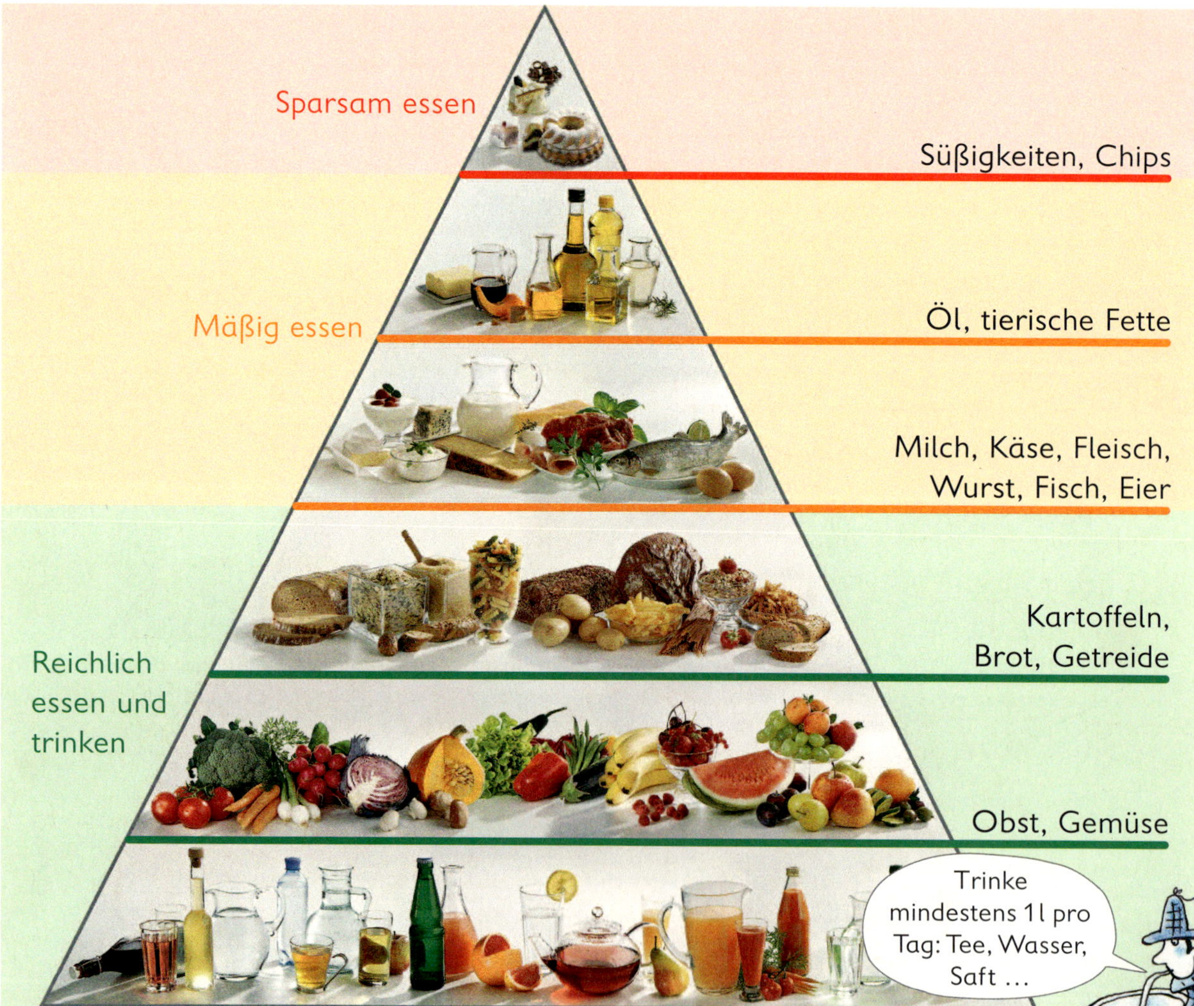

1 Wähle nach der Nahrungspyramide genau aus und zeichne auf, was du am nächsten Tag essen und trinken willst.

★ Wertet eure Nahrungspyramiden gemeinsam aus. Plant ein gesundes Frühstück.

Richtig essen und trinken

In einer Grundschule wurden 100 Kinder nach ihren Essgewohnheiten befragt. Das ist das Ergebnis:

Ein Diagramm auswerten

- Ein Diagramm veranschaulicht Mengen. Es hilft, Zusammenhänge zu erkennen:
- Lies die Überschrift.
- Betrachte das Bild und lies die Beschriftung.
- Formuliere die Aussage.
- Du kannst die Aussage bewerten.

1 Führt auch an eurer Schule eine solche Befragung durch.

2 Befrage dich selbst: Was tue ich für mich?

Was esse ich zum Frühstück?

Genieße ich mein Essen?

Esse ich frische Lebensmittel?

Weiß ich, was gesund ist und was nicht?

Informiere ich mich über Lebensmittel?

Trinke ich genug?

Ernährung und Gesundheit

Ernährung und Essverhalten beeinflussen unser Wohlbefinden und unsere Gesundheit. Oft übernehmen Kinder die Essgewohnheiten ihrer Eltern. Manchmal entwickeln Kinder selbst Vorlieben oder Abneigungen für bestimmte Lebensmittel. Das kann für die Gesundheit gut sein, aber auch zu Fehlernährung und zu Krankheit führen.

1 Vergleiche die Ernährungsgewohnheiten der Personen. Diskutiert in der Klasse darüber.

Tipps zur gesunden Ernährung und Bewegung:

Ich sammle Rezepte für gesunde Gerichte.

Die Augen essen mit.

Nach einem üppigen Essen etwas laufen oder Rad fahren.

Fehlernährung ist gekennzeichnet durch:
- einseitiges, ähnliches Essen über lange Zeit
- überwiegende Ernährung durch Fast Food
- zu viel Essen
- zu wenig Essen.

2 Ergänzt die Tipps zu gesunder Ernährung und Bewegung.
Malt selbst ein Strichmännchen-Lesezeichen für ein Rezeptbuch.

Tipps zur gesunden Ernährung und Bewegung:

Gemeinsam kochen macht Spaß.

Mal ein Stück Schokolade genießen macht gute Laune.

Eine neue Sportart ausprobieren, das hält fit.

Drogen, nein danke! – Projektbericht

Darüber haben wir diskutiert:

Einige Meinungen:

Das wollten wir wissen und haben uns darüber informiert:

Wie wirkt Alkohol?

- Viele sagen, Alkohol macht gute Laune und beruhigt. Doch Alkohol ist ein Gift, er wirkt rasch: Wer viel trinkt, bewegt sich langsam, beginnt zu schwanken, stolpert oder stottert sogar. Er kann nicht mehr klar sehen und spürt kaum noch Schmerz oder Kälte. Manchem wird übel. Zu viel Alkohol vergiftet das Blut, man kann bewusstlos werden. Es besteht Lebensgefahr.
- Kinder werden durch Alkohol besonders stark geschädigt. Nicht nur Schnaps und Bier sind gefährlich, sondern auch Mixgetränke und Süßigkeiten mit Alkohol, den man oft kaum merkt.
- Alkohol stört die gesamte Entwicklung des Kindes: das Denken, die Beweglichkeit, das Sprechen.
- Alkohol ist eine Droge. Man kann davon abhängig oder schwer krank werden.

Wie wirkt Nikotin?

- Nikotin ist im Zigarettenrauch. Es ist eines der stärksten Gifte mit gefährlichen Wirkungen: kalte Füße und Hände, graue Haut, Atmen fällt schwer, Müdigkeit, Sehschärfe lässt nach bis zur Erblindung, lebensgefährliche Krankheiten.

Im Jugendschutzgesetz steht: Die Abgabe von Tabak und Alkohol

Gesundheitsschädigende und Sucht begünstigende Faktoren;
Wirkung von Alkohol und Nikotin

AH S.17

Darüber haben wir diskutiert und Aktionen gestartet:

Aktion: Werbung gegen Alkohol
- eine Werbung für Alkohol suchen
- einen Werbespruch dagegen verfassen
- die Werbesprüche in der Klasse ausstellen

Aktion Rollenspiele: „Ich kann ‚Nein' sagen"
- mehrere Situationen spielen
  - „Nein" sagen, wenn Zigaretten angeboten werden
  - „Nein" sagen zu Alkohol
  - „Nein" sagen zu Tabletten bei Kopfschmerzen, andere Lösung suchen

Eine Projektwand gestalten

- Plant: Was wollt ihr wem mitteilen?
- Findet eine treffende Überschrift.
- Sucht oder gestaltet passende Bilder. Gebt ihnen Bildunterschriften.
- Schreibt passende Texte. Hebt das Wichtigste farbig hervor.
- Ordnet Texte und Bilder übersichtlich auf der Projektwand an.

an Kinder und Jugendliche unter 16 Jahren ist verboten!

Ein Handzettel für die erste Hilfe

Willst du dir oder anderen helfen, kann dir ein Handzettel von Nutzen sein. Als Leporello gefaltet kannst du ihn bei dir tragen und im Notfall nachsehen, wie du helfen kannst.
Wenn du öfter darin liest, prägen sich wichtige Handlungen fest ein.
Um erste Hilfe selbst zu leisten, brauchst du:

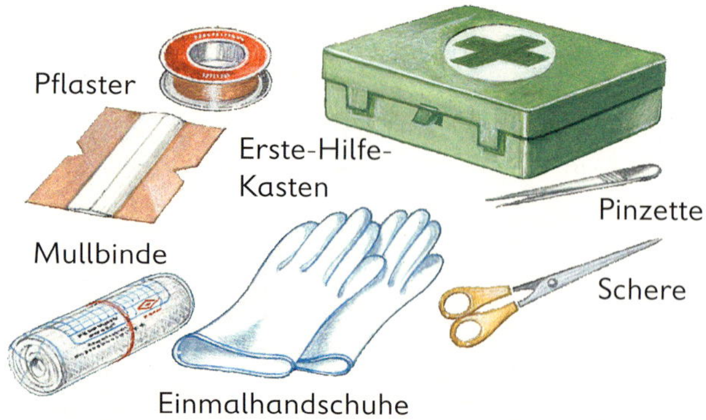

Selbst helfen – aber wie? Kleine Verletzungen

Schnitt- und Schürfwunden
- nur mit sauberen Händen versorgen
- nicht berühren, mit Pflaster oder einem Mullverband bedecken

Verbrennung oder Verbrühung
- verbrannte oder verbrühte Stelle sofort unter kaltes Wasser halten

Sonnenbrand
- mit feuchtem Tuch kühlen
- an einen kühlen Ort gehen
- zum Arzt gehen

Nasenbluten
- den Kopf nach vorn beugen
- kalte Umschläge in den Nacken legen

Insektenstiche
- selbst Ruhe bewahren oder andere beruhigen
- kühlen, Zwiebelscheiben auflegen

Hilfe holen – aber wie? Brand • Unfall • Badeunfall

So mache ich es richtig:
- Ruhe bewahren
- Erwachsene herbeiholen
- Notruf wählen (kostenfrei)

Notruf-Nummern
- Feuerwehr **112**
- Polizei **110**

Sprich langsam und deutlich:
Sage, wer spricht
(Name des Anrufers)!

WO ist es passiert? (Adresse, Ort)

WAS ist passiert? (Brand, Verkehrsunfall)

WIE VIELE Verletzte?

WELCHE Verletzungen?

WARTEN auf Rückfragen

Bei uns und anderswo

Wie bauen wir ein Modell unserer Schule?
Was sollte ich über meinen Heimatbezirk wissen?
Ich will Rad fahren, was muss ich wissen
und können?

Ein Modell der Schule bauen …

Um ein Modell eures Schulgeländes zu bauen, müsst ihr alles von allen Seiten genau betrachten:

Ein Gelände erforschen

- Erkundet:
  - die Begrenzungen des Geländes,
  - Zugänge und Zufahrten,
  - die Anzahl der Gebäude und wie sie aussehen,
  - Wege, Anlagen, Bäume,
  - wie Gebäude und Anlagen zueinander stehen (Abstand, Richtung).

1 Sammelt Material. Baut Gebäude, Bäume …

2 Ordnet alles auf einem großen Packpapier an. Malt die Wege auf.

Beachtet:

- In einem Modell ist alles kleiner und einfacher: Häuser, Wege, Plätze, die Räume zwischen ihnen.
- Gebäude und Anlagen sind wie in der Wirklichkeit unterschiedlich groß.
- Alles muss so angeordnet sein, wie es auf dem Schulgelände zu sehen ist.

AH S.19, 20

S.14

… und einen Plan davon zeichnen

So entsteht aus eurem Modell ein Plan.

- Umfahrt mit Stiften die Grundflächen der Häuser. Nehmt sie dann vom Papier herunter.
- Auf dem Papier seht ihr nun die Grundrisse der Gebäude. Alle Gebäude und Wege sind einfacher, kleiner und in der richtigen Lage zueinander aufgezeichnet.
- Vervollständigt euren Plan mit Grundrissen für Anlagen, Bäume und dem, was ihr sonst noch im Modell eures Schulgeländes dargestellt habt. Erfindet dafür Grundrisse und zeichnet sie farbig in den Plan.

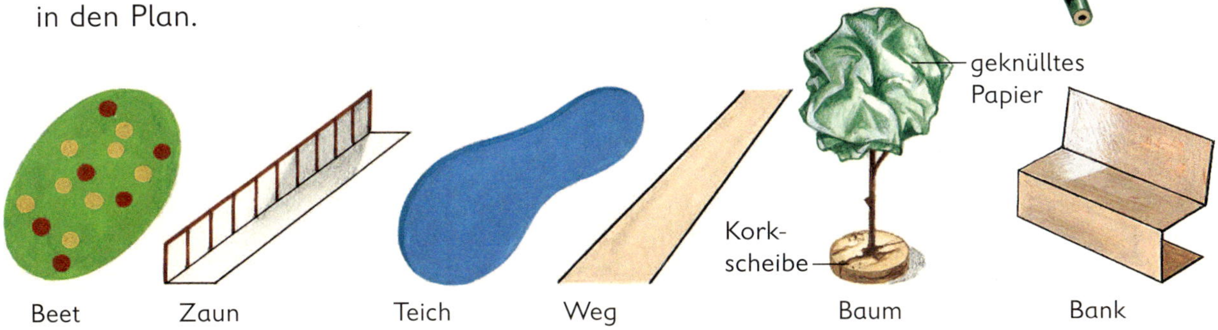

- Tragt in euren Plan die Haupthimmelsrichtungen ein. Orientiert euch dafür am Sonnenstand.
  N – Norden **S** – Süden **O** – Osten **W** – Westen

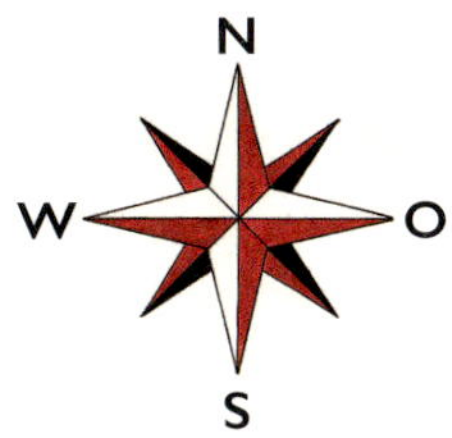

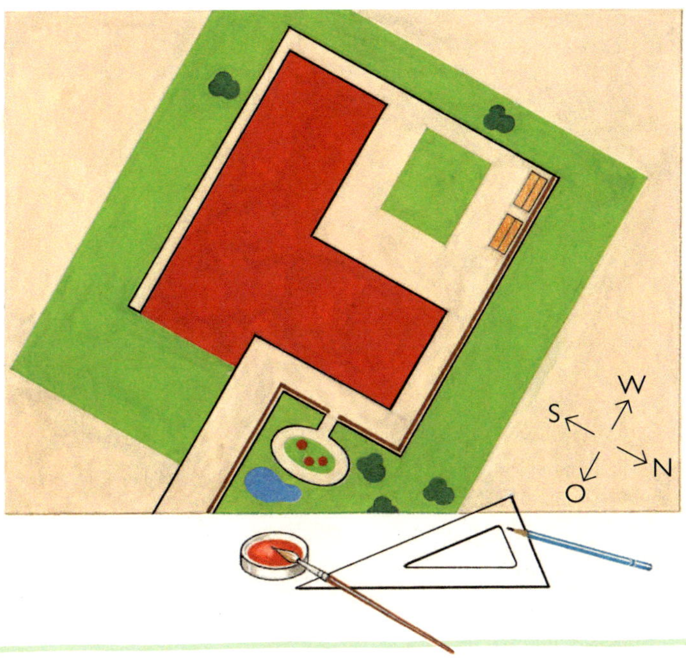

- Mit Hilfe dieser Legende ist euer Plan „lesbar“. Sie erklärt die Farben, Linien und Zeichen.

Einen Ortsplan lesen und den Weg finden

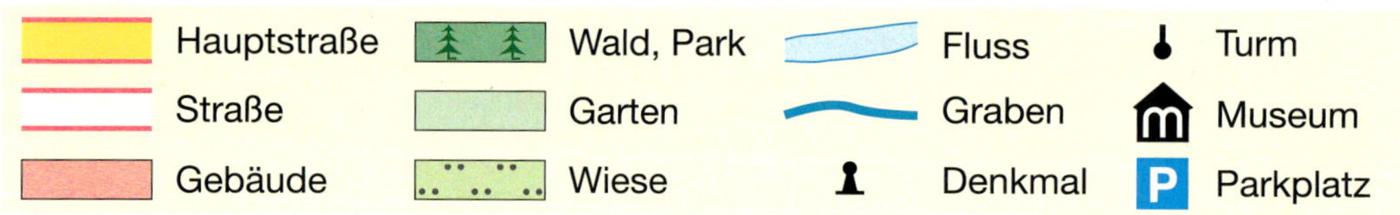

Ein Ortsplan zeigt Straßen und Gebäude, Plätze und Grünanlagen eines Ortes. Sie sind auf einer Fläche noch einfacher und kleiner in Grundrissen dargestellt. Zu jedem Plan gehört eine Legende, die alle Zeichen und Farben im Plan erklärt.

Auf dem Plan weist die Nordrichtung zum oberen Kartenrand.

Mit einem Ortsplan kannst du dich über einen Ort informieren, auch wenn du noch nie dort warst.

1 Arbeitet mit dem Ortsplan. Erfindet Aufgaben.

2 Findet auf dem Plan besondere Gebäude und das Denkmal.

Landkarten als Orientierungshilfen

Karten helfen, sich in der Umgebung zurechtzufinden.
Eine Karte zeigt ein noch größeres Gebiet als ein Ortsplan.
Darauf ist alles noch kleiner und einfacher dargestellt.
Viele verschiedene Karten liefern unterschiedliche Informationen:

In eine Wanderkarte sind Wanderwege eingezeichnet.

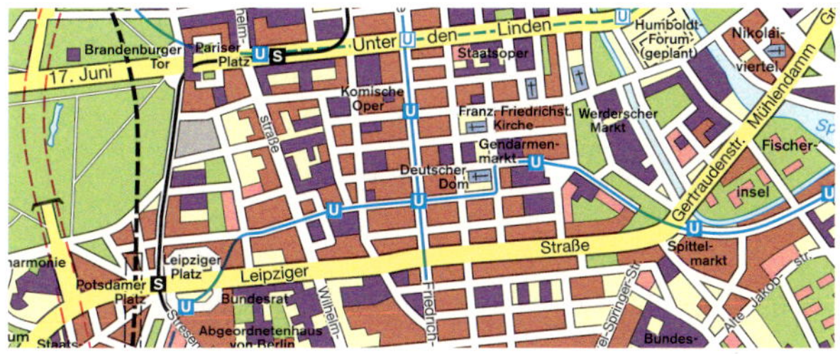

Mit einer Straßenkarte informieren sich Kraftfahrer über den Verlauf der Straßen.

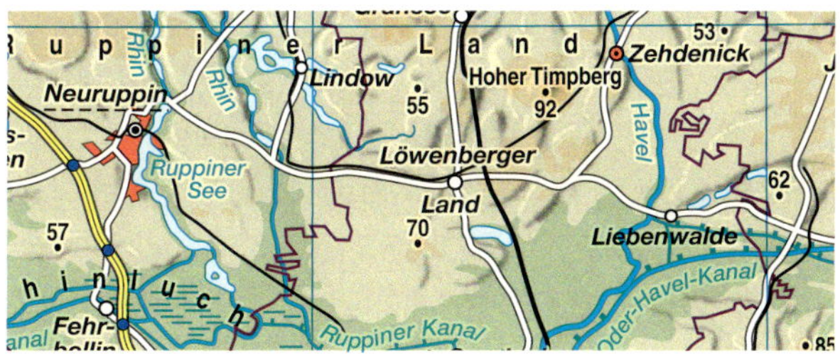

Eine physische Karte zeigt die Gestalt der Oberfläche eines Gebietes mit Gewässern, Siedlungen, Verkehrswegen und Grenzen.

Landschaften und Höhen

Eine Ebene ist ein weites, flaches Gebiet. Dort gibt es keine Berge und keine Hügel.
In manchen Ebenen aber sind flache Bodenwellen zu finden.
Man kann weit ins Land schauen.

Ein Hügel erhebt sich nur wenig über seine Umgebung.
Hügel sind meist nicht höher als 200 m.
Sie haben abgerundete Kuppen und manchmal lang gezogene Rücken oder flache Hänge.
Oft liegen mehrere Hügel hintereinander wie eine Kette.
Landschaften mit Ebenen und Hügeln nennt man Tiefland.

Ein Berg überragt seine Umgebung.
Berge können über 1000 m hoch sein.
Manche Berghänge fallen steil ab.
In den Tälern zwischen den Bergen fließen oft Bäche und Flüsse. Manchmal füllen kleine Seen die Talböden.
Berge und Täler oder eine Kette von mehreren Bergen sind Gebirge.

AH S.22

Wie zeigen flache Karten hohe Berge?

Das ist eine Landschaft mit Berg und Tal.
Es sind kleine Häuser, Wiesen, Felder und Bäume zu sehen. Ein Fluss fließt in einen See.

1 Baut das Modell eines Berges.

- Ihr braucht dazu: Styropor, eine Schablone aus Pappe, eine Schere, ein Messer, Farben, einen Bleistift, einen Pinsel, ein Glas mit Wasser.
- So geht ihr vor: Markiert die Höhenlinien. Malt die Höhenschichten wie in der Abbildung unten mit passenden Farben aus.

So kann man die Landschaft mit Höhenlinien und Höhenschichten vereinfacht darstellen.
Jede Höhenschicht hat eine andere Farbe.

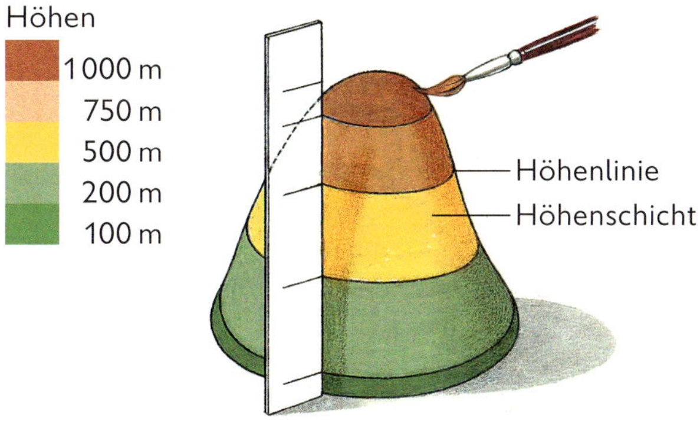

So kann euer Modell des Berges von der Seite aussehen. Höhenlinien sind eingezeichnet.
Jede Höhenschicht hat eine andere Farbe.

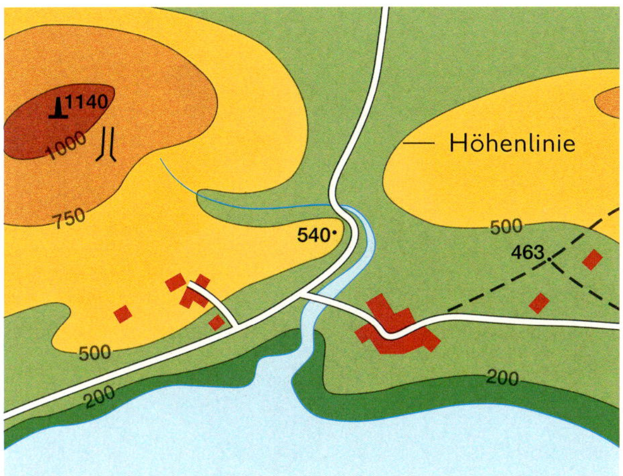

Von oben betrachtet sehen die Höhenschichten wie farbige Flächen aus. Hier sind Höhenlinien und Höhenschichten auf einer Karte dargestellt.

2 Stellt den Berg als farbige Fläche dar.

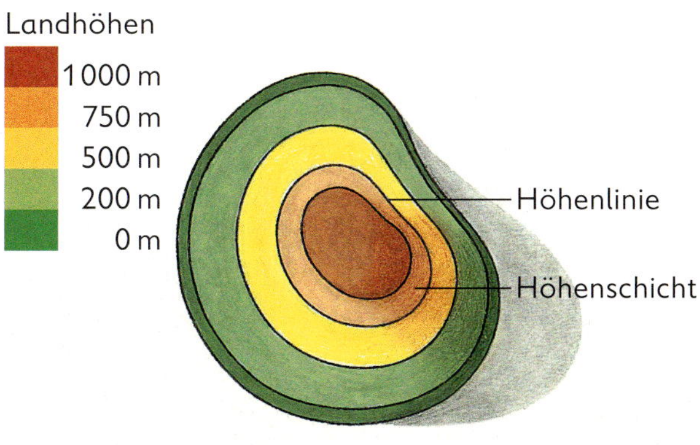

Wenn ihr euer Bergmodell von oben betrachtet, wirkt es wie eine farbige Fläche. So ähnlich sieht ein Berg auf einer Karte aus.

Mit Karte, Kompass und Weitblick

Auf einer Karte weist die Nordrichtung immer zum oberen Kartenrand.

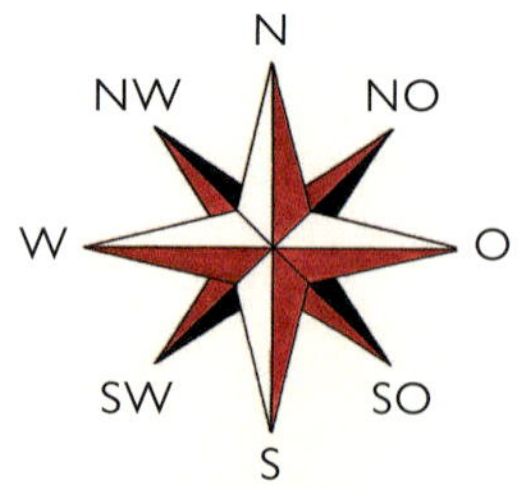

1 Zeige auf der Karte Süden, Südosten, Osten, Westen.

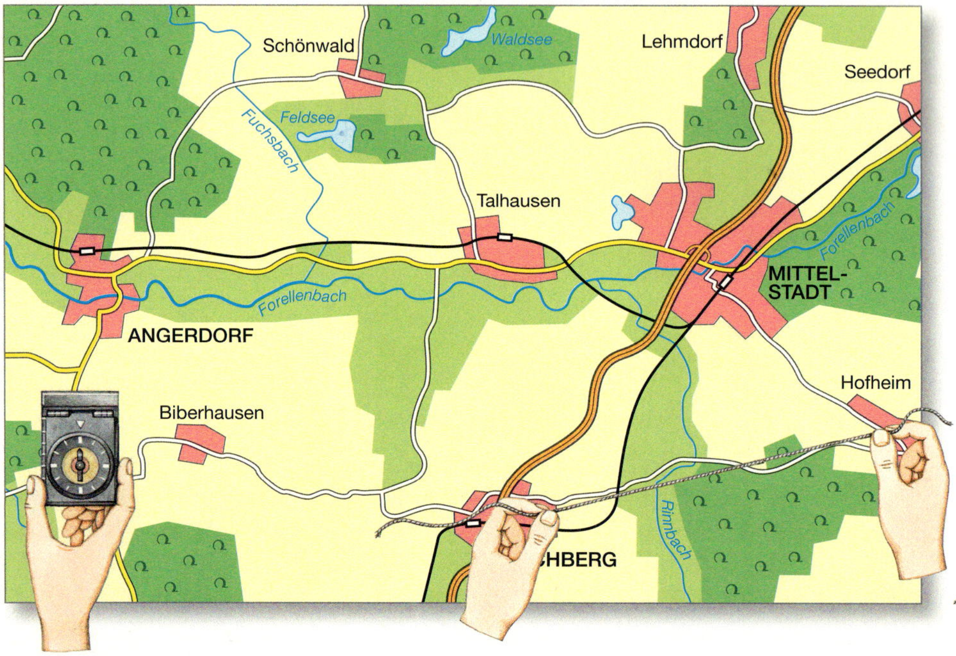

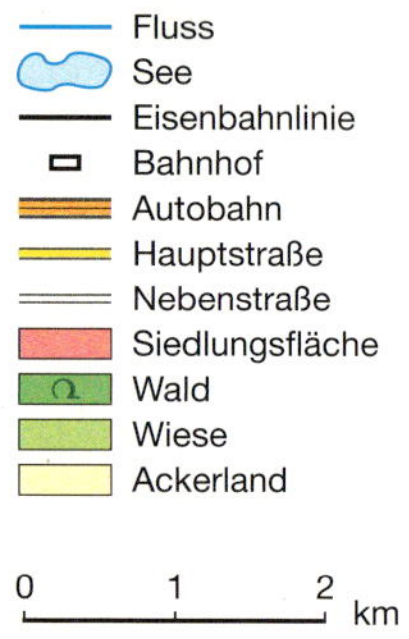

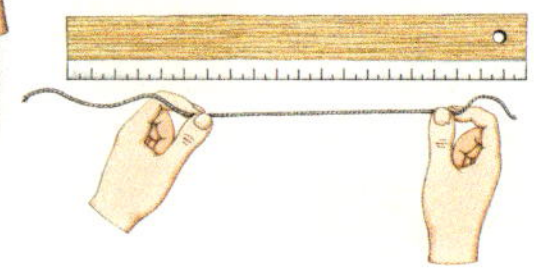

Mit einem Kompass findest du Himmelsrichtungen im Gelände.

Willst du im Gelände nach der Karte wandern, musst du die Karte mit dem Kompass nach Norden ausrichten, das heißt, die Karte einnorden.

- Drehe im Kompass die Skala, bis das **N** zum Richtungspfeil weist.
- Lege dann den Kompass mit der Anlegekante an den Rand der Karte.
- Drehe die Karte mit dem Kompass so, dass die Spitze der Kompassnadel auf das **N** in der Skala zeigt.

Um Entfernungen zu messen, halte eine feste Schnur an die Endpunkte der zu messenden Strecke. Schneide die Schnur an beiden Enden ab. Miss die Länge der Schnur. Errechne die Entfernung anhand des Maßstabes.

2 Miss auf einer Karte des Bundeslandes die Entfernung von deinem Schulort zu einer kreisfreien Stadt.

★ Erfindet weitere Aufgaben zum Messen von Entfernungen auf Karten.

Räume erschließen: Himmelsrichtungen, Karte und Kompass; Legende

Unser Heimatbezirk – eine Karte lesen

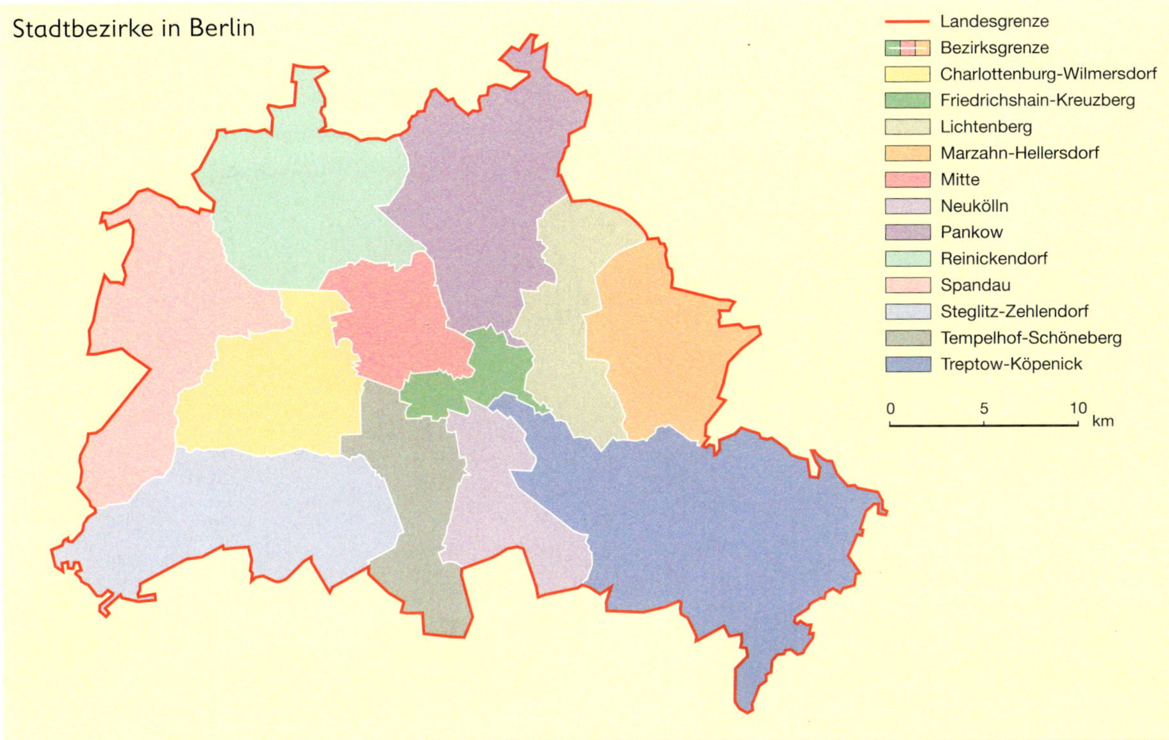

Jede Karte hat eine Überschrift. Sie sagt, was auf der Karte abgebildet ist.
Eine Legende hilft, die Karte zu lesen und zu verstehen.
Mit der Maßstabsleiste werden Entfernungen auf der Karte bestimmt.

1 Löse folgende Aufgaben.
Orientiere dich am Wegweiser.

- Wie viele Bezirke hat Berlin?
- Wie heißen die Bezirke?
- In welchem Bezirk wohnst du? Wie heißt der Ortsteil?
- Wie heißen die Nachbarbezirke, die an deinen Bezirk grenzen?
- Zeichne den Umriss deines Bezirks auf ein DIN-A4-Blatt.

Eine Karte lesen

- Lies die Überschrift.
- Lies die Legende.
  Formuliere:
  Die Linien bedeuten …
  Die Zahlen bedeuten …
- Schau die Maßstabsleiste an. Mit ihrer Hilfe findest du heraus, wie weit sich ein Bezirk ausdehnt.
- Miss die längste Entfernung von Ost nach West und von Nord nach Süd.

Die Wirtschaft des Heimatbezirks erkunden …

In deinem Heimatbezirk leben viele Menschen.
Sie arbeiten hier und kaufen ein, sie fahren mit dem Bus oder der Bahn, sie besuchen Kinos, Gaststätten oder ein Stadion.
Alle Arbeitsstätten, wie Industriebetriebe, Betriebe der Handwerker oder Landwirte sowie Geschäfte bilden die Wirtschaft deines Heimatbezirks.

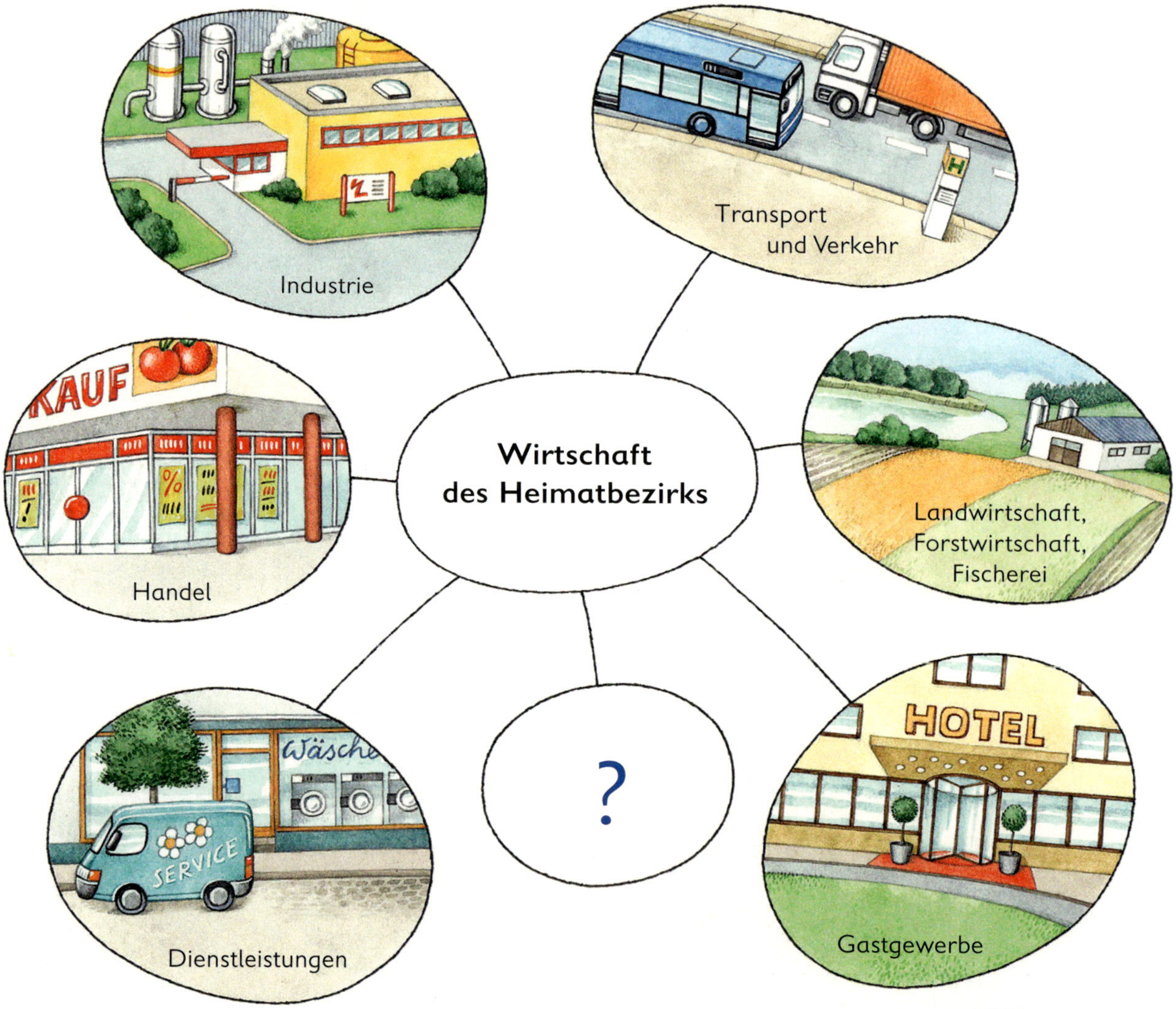

1 Was gehört in deinem Heimatbezirk zur Wirtschaft?

2 Welche Transportwege gibt es in eurem Bezirk?

3 Informiert euch über die Wirtschaft eures Heimatbezirks. Legt eine Übersicht an. Benennt Betriebe, Geschäfte usw.

… und präsentieren

So könnt ihr die Wirtschaft eures Bezirks präsentieren:

4 Forsche nach: Welche Produkte aus dem Heimatbezirk nutzt deine Familie?

Wo wir wohnen

Wie gut Menschen in einem größeren Gebiet (Region) leben können, hängt von vielen Dingen ab: Welche Arbeitsstätten und öffentlichen Einrichtungen gibt es vor Ort? Wo befinden sich Einkaufsmöglichkeiten? Welche öffentlichen Verkehrsmittel kann man nutzen?

Auch die Landschaft beeinflusst das Leben der Menschen: Gibt es Wälder und Seen für die Erholung? Werden Flächen für die Landwirtschaft genutzt?

Simon erzählt:

Vor zwei Jahren sind wir von Berlin nach Brandenburg gezogen. Unser Dorf liegt nah an der Stadtgrenze zu Berlin. Immer mehr Familien mit Kindern ziehen hierher. Das Dorf wird ständig größer. Meine Eltern haben ein kleines altes Bauernhaus ausgebaut. Hinter dem Haus ist ein großer Garten. Zur Schule fahre ich mit dem Bus in den Nachbarort.

Unsere Schule ist modern. Wir haben einen Computerraum und einen großen Schulgarten. Nach dem Unterricht gehe ich an zwei Tagen in den Sportverein zum Tischtennis. Ich fahre dann mit dem Spätbus nach Hause.

Rings um unser Dorf ist Ackerland. Mein Vater arbeitet jetzt in der Landwirtschaft. Er fährt jeden Morgen mit dem Rad zur Arbeit. Wir haben im Ort gut ausgebaute Radwege. Wenn Vater freihat, kommt er manchmal in die Schule und hilft uns bei der Schulgartenarbeit.

Meine Mutti ist Verkäuferin. Sie fährt jeden Tag mit dem Auto zur Arbeit nach Berlin. Sie sagt: „Ich bin Pendlerin.“ Das bedeutet, dass sie für den Weg zur Arbeit ein Verkehrsmittel benutzen muss. Abends kommt sie oft spät nach Hause.

Meine Oma wohnt an der Ostsee. Wenn sie uns besucht, fährt sie bis Berlin mit dem Zug und dann mit der S-Bahn und dem Bus zu uns ins Dorf. Oma möchte gern, dass wir an die Ostsee umziehen. Dann wäre sie dort nicht mehr so allein. Das ist für uns nicht so leicht: Gibt es dort Arbeit? Wo ist die nächste Schule? Wie werden wir im neuen Dorf aufgenommen?

In unserem Dorf gibt es eine Begegnungsstätte. Dort treffen sich Vereine. Außerdem ist hier ein Heimatmuseum untergebracht. In der Bücherstube kann man Bücher ausleihen. Auf dem Hof sind alte Maschinen aus der Landwirtschaft ausgestellt.

Einmal im Jahr veranstaltet der Traditionsverein einen Bauernmarkt. Am Vormittag ist ein großes Sportfest und am Nachmittag wird bei Musik und Tanz gefeiert. Händler und Hersteller aus der Umgebung bieten ihre Produkte an: Lebensmittel, Holzarbeiten, Glaswaren, Keramik und vieles mehr.

Auf der Homepage unserer Region befindet sich eine Immobilienbörse. Hier werden Leuten, die gern aufs Land ziehen möchten, Wohnungen, alte Häuser oder Grundstücke angeboten.

1 Finde Bildunterschriften zu den Fotos.

2 Lies die Texte. Begründe: Warum ist der Wohnort für Simons Familie günstig/ungünstig?

★ Beschreibe, wo du wohnst.
- Begründe, warum dieser Wohnort für dich und deine Familie ein guter Lebensort ist.
- Was würdest du im Ort gern verändern wollen?

Mit dem Rad fahren – Was muss ich wissen?

Auf der Straße sind Radfahrer und Fußgänger Verkehrsteilnehmer. Deshalb müssen sie Verkehrsregeln, Vorschriften und Verkehrszeichen kennen und beachten. So schützen sie sich und andere vor Gefahren.

Die wichtigste Regel:

„Die Teilnahme am Straßenverkehr erfordert ständige Vorsicht und gegenseitige Rücksicht. Jeder Verkehrsteilnehmer hat sich so zu verhalten, dass kein anderer geschädigt, gefährdet oder mehr als vermeidbar behindert oder belästigt wird.“

- *Wo ist diese Regel aufgeschrieben?*

Achtung, Radfahrer!

- *Kinder bis 8 Jahre müssen mit ihrem Fahrrad Gehwege benutzen, Kinder bis 10 Jahre dürfen Gehwege benutzen.*
- *Radfahrer müssen einzeln hintereinanderfahren.*
- *Die Fußgängerzone ist kein Radweg!*
- *Radfahrer müssen alle Verkehrszeichen beachten, auch Ampeln und Markierungen auf der Fahrbahn.*

- *Welche Regeln sind noch zu beachten?*

Wichtige Verkehrszeichen kennen und beachten

Vorschriftzeichen

Radweg

Gemeinsamer Geh- und Radweg

Getrennter Rad- und Gehweg

Verbot für Fahrräder

Halt. Vorfahrt gewähren!

Gefahrzeichen

Gefahrstelle

Arbeitsstelle

Einseitig verengte Fahrbahn

Unebene Fahrbahn

Fußgänger

1 Gestaltet einen Aufsteller zum Thema „Rad fahren“.

AH S.27

S.5

Mit dem Rad fahren – Was muss ich können?

Wir üben im Verkehrsgarten oder in einem anderen sicheren Gelände.
Jede Übung wird bewertet:

Training auf dem Übungsplatz

Zügig anfahren, ohne zu wackeln

Sicher geradeaus fahren
Zeichnet eine etwa 80 cm breite und etwa 3 m lange Gasse.
Jeder fährt zügig an und bleibt in der Gasse.

Nach hinten sehen, dabei geradeaus weiterfahren

Schulterblick
Schaut beim Durchfahren der Gasse nach hinten.
Dort wird ein Schild hochgehalten.
Was steht darauf?

Mit einer Hand fahren
Fahrt durch die Gasse: einmal nur mit der rechten und einmal nur mit der linken Hand am Lenker.

Sicher mit einer Hand fahren

Stark bremsen
Stellt einen Kegel auf.
Fahrt aus 10 m Entfernung darauf zu und bremst.

Bei Gefahr stark bremsen, ohne zu stürzen

1 Ermittelt euren Verkehrs-Champion.

So ist mein Fahrrad verkehrssicher

Im Straßenverkehr muss dein Fahrrad mit diesen Teilen ausgerüstet sein.
Das ist vorgeschrieben, damit dein Fahrrad verkehrssicher ist.

Nur wenn alle Teile an deinem Fahrrad funktionieren, ist es auch betriebssicher.

Die Kette muss straff gespannt sein, sonst kann sie abspringen.

Die Reifen sollten weder zu wenig noch zu stark aufgepumpt sein. Sie müssen genug Profil haben. Nur so rollen sie sicher.

Der Bremshebel darf auch bei starkem Bremsen nicht den Lenkergriff berühren. Er darf sich auch nicht zu leicht bewegen.

Sattel und Lenker sind richtig eingestellt, wenn deine Füße den Boden gerade noch berühren.
Alle Schrauben müssen fest angezogen sein.

1 Prüfe, ob dein Fahrrad verkehrs- und betriebssicher ist.
Lass dein Fahrrad ab und zu von einem Fachmann überprüfen.

Mit dem Fahrrad im Straßenverkehr

Solche Situationen gibt es oft im Straßenverkehr.
Jeder Verkehrsteilnehmer muss dann genau wissen, was zu tun ist.

Eine Regel heißt: „An Kreuzungen und Einmündungen hat die Vorfahrt, wer von rechts kommt“, kurz gesagt: „rechts vor links“.
Wer fährt hier zuerst?

Wenn Verkehrszeichen die Vorfahrt regeln, ist die Regel „rechts vor links“ aufgehoben:

Halt. Vorfahrt gewähren!
Bei diesem Zeichen müssen Fahrzeuge immer an der Haltelinie anhalten, auch wenn von links und rechts kein Fahrzeug kommt.
Wann dürfen sie weiterfahren?

Fußgängerüberweg
Alle Fahrzeuge müssen vor dem Überweg anhalten, wenn sich Fußgänger darauf befinden.
Wann dürfen sie weiterfahren?

Dem Gegenverkehr Vorrang gewähren!
Hier ist eine Arbeitsstelle. Das Zeichen gibt an:
Der Gegenverkehr hat Vorrang.
Wer darf zuerst fahren?

1 Findet dieses Zeichen an einer Kreuzung und fotografiert es.
Informiert euch, was es bedeutet.

Vorfahrt gewähren!

2 Gestaltet eine Übersicht mit Texten, Bildern und Fragen zu Verkehrszeichen in eurer Umgebung.

Wenn Fahrzeuge näher kommen

Willst du sicher über eine Straße gehen, musst du die Entfernung der näher kommenden Fahrzeuge einschätzen können. Nur so erkennst du, ob du die Straße gefahrlos überqueren kannst. Auch beim Radfahren musst du Abstände einschätzen, um unfallfrei zu fahren.

Entfernungen schätzen

Drei Kinder stellen sich hinter einer Linie in unterschiedlicher Entfernung auf. Andere Kinder schätzen die Entfernung. Wiederholt die Übung.

Schätzt Entfernungen auf dem Schulhof. Messt dann nach: Wie weit ist es vom Hauptgebäude bis zur Turnhalle, vom Baum bis zum Spielplatz …?

Schätzt Entfernungen im Straßenverkehr: Wie weit sind Fahrzeuge entfernt? Wie schnell nähert sich ein Fahrzeug? Stoppt die Zeit.

Notiert die Ergebnisse in einer Tabelle:

Entfernungen schätzen und messen			
Name	geschätzt	gemessen	Abweichung
Lea			

Abstand halten

Gehe dicht hinter einem Kind. Was passiert, wenn es plötzlich stehen bleibt?
Vergrößere den Abstand auf Armlänge. Wiederhole den Versuch.
Erhöhe nun noch die Schrittgeschwindigkeit. Was passiert?

Wenn Radfahrer in der Gruppe fahren, müssen sie einen Abstand von zwei bis drei Radlängen einhalten. Übt den Sicherheitsabstand in einem verkehrsberuhigten Raum.

★ Übt als Radfahrer im verkehrssicheren Raum das Bremsen und das Abstandhalten.

Früher und heute

Wie wurde früher die Zeit gemessen?
Was erzählen Erwachsene über ihre Schulzeit?
Wie wurde früher gewaschen und geheizt?

Die Zeit messen und Uhren bauen

Auf ihrer Bahn um die Sonne legt die Erde in 30 min über 53 000 km zurück.

Bis zur Schule braucht Friederike etwa 30 Minuten, wenn sie nicht bummelt und wenn die Bahn pünktlich ist. 12 Minuten für den Fußweg und 18 Minuten für die Bahnfahrt. Zusammen sind es 30 Minuten oder eine halbe Stunde oder 1 800 Sekunden. Für die Dauer dieses Vorgangs gibt es also ein genaues Maß. Diese halbe Stunde kommt Friederike manchmal wie eine Ewigkeit vor, manchmal vergeht sie wie im Fluge. Wie erklärst du dir das?

Der Schatten des Stabes wandert mit dem Lauf der Sonne. Auf der Skala kann man die Zeit ablesen: aber nur, wenn die Sonne scheint.

Die Zeit messen – mit Sonne, mit Feuer, mit Wasser, mit …

In Urzeiten reichte es aus, sich nach dem Ablauf des Tages oder des Jahres zu richten: Wir treffen uns wieder, wenn die Sonne zweimal untergegangen ist. Die Sonne machte auch die älteste Uhr möglich: die Sonnenuhr. Doch man brauchte Uhren, die genauer und unabhängig vom Tageslicht waren: Man erfand die Wasseruhr, die Feueruhr, die Sandhur. Später die mechanische, die elektrische und schließlich die Funkuhr.

1 Wo ist eine genaue Zeitangabe heute wichtig? Erkläre es an Beispielen.

Mit der Funkuhr kann sich heute jeder die genaue und offizielle Uhrzeit ins Haus holen. Heute ist die Zeit auf der ganzen Welt einheitlich abgestimmt.

Feueruhren gab es schon vor 3 000 Jahren in China. Auf dem Drachenkörper liegt ein Räucherstäbchen. Darüber hängen Fäden mit Kugeln. Brennt das Räucherstäbchen ab, brennen auch die Fäden nacheinander ab. Ist ein Faden durchgebrannt, fällt die Kugel in die Metallwanne und tönt. Wie kann die Feueruhr zum Wecker werden?

Bei dieser alten Wasseruhr tropft Wasser aus den Augen der rechten Figur auf ein Wasserrad. Es bewegt Zahnräder. Sie heben die linke Figur hoch. Mit dem Pfeil zeigt sie auf der Skala die Zeit an.

Eine Wasseruhr bauen

Material:
1 festen, großen Jogurtbecher, 1 Glas, Handbohrer, Bindfaden, Wasser, Uhr, wischfester Stift

Vorgehen:

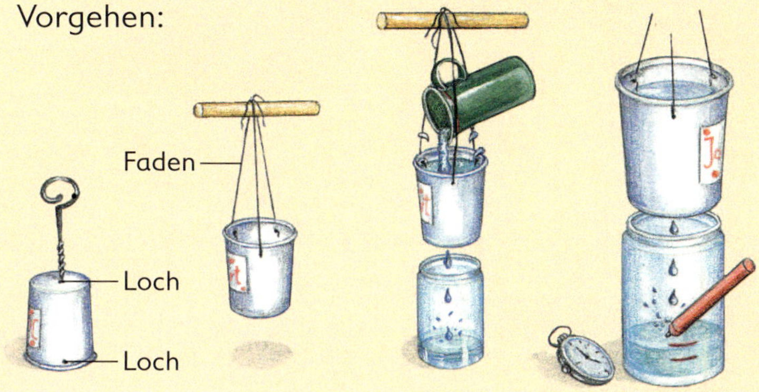

1. Ein Loch in den Boden und drei in den Becherrand bohren.
2. Bindfäden befestigen, den Becher aufhängen.
3. Glas zum Auffangen des Wassers hinstellen, Wasser eingießen.
4. Alle 5 Minuten den Wasserstand neu markieren.

2 Die Sanduhr ist seit dem Mittelalter ein beliebter Zeitmesser. Beschreibt sie. Wie funktioniert sie?

Eine Sanduhr bauen

Material:
2 Marmeladengläser, Kleber für Metall, dünnen Nagel, Hammer, Vogelsand, Uhr, wischfester Stift

Vorgehen:

1. Beide Deckel zusammenkleben.
2. In der Mitte ein Loch einschlagen.
3. Glas mit Sand füllen. Gläser zusammenschrauben.
4. Alle 5 Minuten die Sandhöhe markieren.

Zeiträume benennen

Zeiträume kannst du mit Vergangenheit, Gegenwart oder Zukunft bezeichnen.

Vergangenheit — Gegenwart — Zukunft

Max wurde mit sechs Jahren eingeschult.

Max geht jetzt in die dritte Klasse.

Max will später Zimmermann werden.

Zeiträume kannst du auch mit Jahr, Jahrzehnt, Jahrhundert oder Jahrtausend benennen.

Max spielt seit einem Jahr in der Hockeymannschaft der Schule. Er hat es in 12 Monaten geschafft, der beste Torwart der Mannschaft zu werden.

Ein Jahr – das sind 12 Monate.

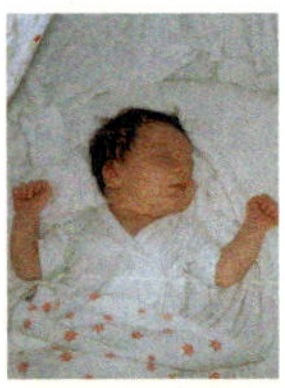

Die Schwester von Max ist 10 Jahre alt und 1,50 m groß. Als sie geboren wurde, war sie 50 cm groß. Sie ist in einem Jahrzehnt einen Meter gewachsen.

Ein Jahrzehnt – das sind 10 Jahre.

Max wohnt in der Lindenstraße. Dort stehen mächtige, 100 Jahre alte Lindenbäume. Was sie wohl erzählen könnten?

Ein Jahrhundert – das sind 100 Jahre.

Max war mit seinen Eltern im Urlaub in Ägypten. Das Land liegt in Afrika. Dort hat er Pyramiden gesehen, die vor etwa 4000 Jahren erbaut wurden.

Ein Jahrtausend – das sind 1000 Jahre.

1 Tauscht euch aus: Wie stellt ihr euch eure Zukunft vor?

★ Führe ein Interview: An welche Ereignisse in den letzten Jahrzehnten erinnern sich deine Eltern und Großeltern gern?

S. 16

Verschiedene Kalender

Schon vor langer Zeit beobachteten die Menschen die Sonne, den Mond und die Sterne. Sie erkannten, dass man mit Hilfe dieser Beobachtungen die Zeit in Abschnitte, wie Jahr, Monat oder Tag einteilen kann. So entstanden weltweit unterschiedliche Kalender mit verschiedenen Zeitrechnungen.

Unser Kalender stützt sich auf die Beobachtung der Sonne. Deshalb ist er ein Sonnenkalender. Das bedeutet: Hat die Erde die Sonne einmal umrundet, dann ist ein Jahr vergangen. Wir haben dann 365 Tage und etwa 6 Stunden auf der Erde gelebt. Um die etwa 6 Stunden auszugleichen, wird alle vier Jahre im Monat Februar ein Tag hinzugefügt, der 29. Februar. Ein solches Jahr heißt Schaltjahr. Eine Besonderheit in unserem Kalender ist Ostern. Das Fest wird nach dem Mondlauf berechnet. Ostersonntag ist immer der erste Sonntag nach dem ersten Frühlingsvollmond.

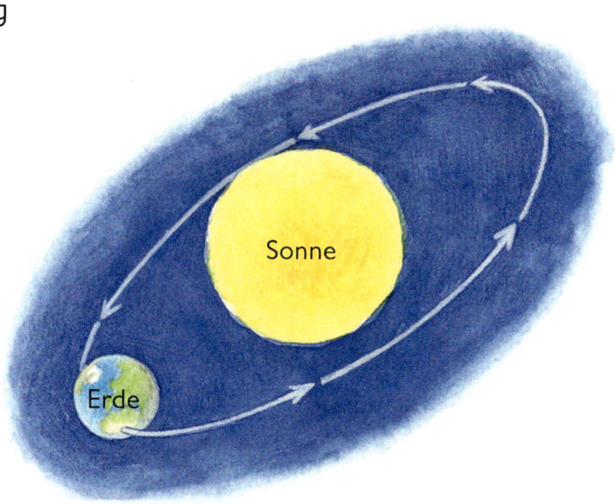

1 Wann ist in diesem Jahr Ostern? Wann war das Fest im vergangenen Jahr?

In den Ländern des Islam stützt sich der Kalender auf die Beobachtungen des Mondes. Deshalb ist er ein Mondkalender. Das bedeutet: Von der Erde aus gesehen braucht der Mond für eine Erdumrundung 29,5 Tage. Ein neuer Monat beginnt immer dann, wenn nach dem Neumond abends die Mondsichel wieder zu sehen ist. Ein Jahr hat so 354 Tage, also 11 weniger als im Sonnenkalender. Da es im Mondkalender keine Schalttage gibt, verschieben sich die Tage im Jahresverlauf, auch die Feiertage. So kann der neunte Monat des islamischen Kalenders, der Fastenmonat Ramadan, einmal im Winter liegen, und rund 15 Jahre später liegt er dann im Sommer.

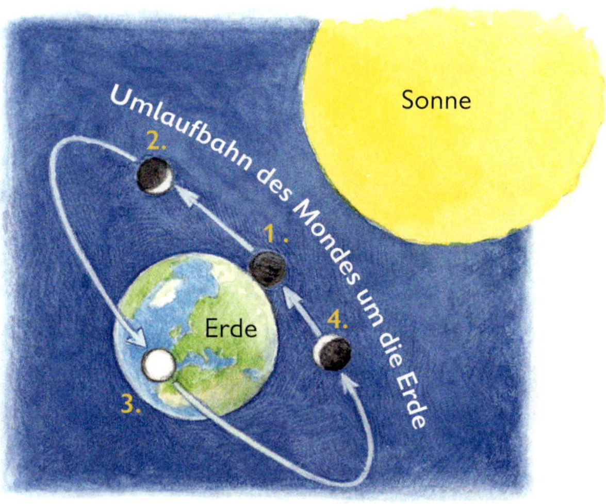

1 Neumond
2 zunehmender Mond
3 Vollmond
4 abnehmender Mond

2 Informiere dich über den jüdischen Kalender im Internet. Schreibe einen Text dazu.

Alte und neue Schulgeschichten

Uroma besuchte die Schule von 1929 bis 1937. Sie hatte jeden Tag einen langen Schulweg, vom Stadtrand zur Stadtmitte. Dort unterrichtete ein Lehrer mehrere Klassen gleichzeitig in einem Raum.

Oma kam 1956 in die erste Klasse. Stolz war sie auf ihren braunen Ranzen, die Schiefertafel und den Griffelkasten. Oma besuchte die Schule bis zur 10. Klasse und lernte dann Schneiderin.

1925 •••• 1930 •••• 1935 •••• 1940 •••• 1945 •••• 1950 •••• 1955 •••• 1960 •••• 1965 ••

Schreibheft

Fibel

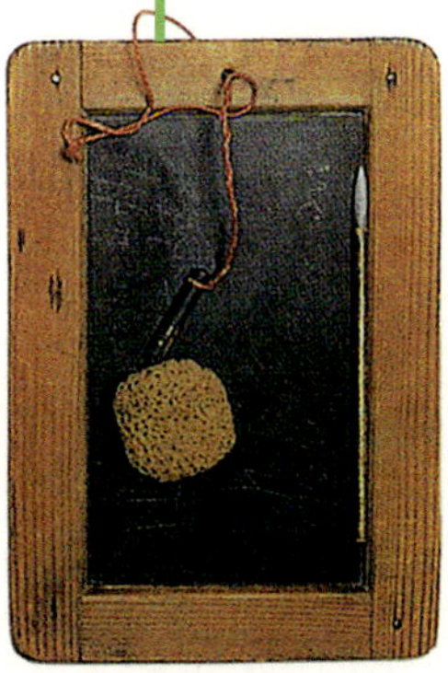

Schiefertafel

S. 16

Mutter kam 1981 zur Schule. Viele Kinder ihrer Klasse kannte sie schon aus dem Kindergarten. In den Ferien fuhren sie oft in ein Ferienlager.
Nach 12 Jahren machte Mutter Abitur.

Julia wurde im Sommer 2007 eingeschult. Sie konnte schon ein wenig lesen und am Computer ihren Namen schreiben. Julia geht gern zur Schule. Sie möchte später Lehrerin werden.

970 •••• 1975 •••• 1980 •••• 1985 •••• 1990 •••• 1995 •••• 2000 •••• 2005 •••• 2010 •••• 2015

Fibel

Schulfüller

Mit einem Zeitstrahl arbeiten

- Lies die Jahreszahlen auf der Zeitleiste.
- Finde heraus, was die Punkte bedeuten.
- Zeige wichtige Daten von dir: Geburt, Einschulung, eine schöne Ferienreise …
- Ordne Bilder deiner Familie der Zeitleiste zu.
- Findet Fragen zur Zeitleiste, wie: Wann schrieben die Kinder mit einem Griffel?

S. 16

Waschen, kochen, heizen – früher und heute

Dieses Bild entstand 1925 an einer Berliner Straße.

Vor 150 Jahren holten viele Berliner ihr Wasser noch aus der Spree, aus Brunnen oder an Straßenpumpen. Damit wurde Grundwasser aus der Erde gepumpt und mit Eimern ins Haus getragen. Wasser brauchte man zum Trinken, Kochen, Waschen. Eine Toilettenspülung gab es nicht.

1 Ein Eimer fasst 10 Liter Wasser. Wie viele Liter verbrauchst du täglich? Wie oft müsstest du zur Pumpe gehen?

Das Wasser war sehr kalt. Zum Wäschewaschen wurde es in großen Töpfen auf dem Herd erhitzt. Um die Holz- oder Zinkwannen zu füllen, mussten die heißen Töpfe dorthin getragen werden. In der Küche war es feucht und dunstig, denn das heiße Wasser dampfte.

2 Stelle dir vor, die Kinder sollten gebadet werden: Was war zu tun? Wie konnte Wasser gespart werden?

Im Sommer wurde auch draußen gewaschen und gebadet.

In der Küche saß die Familie oft zusammen, nicht nur beim Essen. Die Küche war der wärmste Raum. Auf dem Herd wurde auch die Wäsche gekocht und Wasser erhitzt.

Die Küche ist der einzige Wohnraum der Familie (um 1920).

In der Kochmaschine brennt ein Holz- oder Kohlefeuer (um 1920).

Auch Gasherde erzeugen Wärme mit einem offenen Feuer.

Bis zur Erfindung des elektrischen Stroms wärmte die Menschen allein das Feuer: in einer offenen Feuerstelle, wie einem Kamin, oder in Öfen. Geheizt wurde mit Holz, Kohle und Koks. Die Kamine und Öfen waren oft Schmuckstücke der Wohnung und reicht verziert. Der Brandvorgang beim Heizen musste gut beobachtet werden, um die richtige Menge des Brennmaterials zum richtigen Zeitpunkt nachzulegen.

Kanonenöfen verdanken ihren Namen ihrer Form. Da sie aus Metall sind, speichern sie Wärme kaum länger, als das Feuer brennt.

Kachelöfen haben Schamottesteine in ihrem Innern. Dadurch können sie die Wärme über den ganzen Tag speichern (um 1915).

Um die Kohlen zu entzünden, braucht man leichter brennbare Materialien wie zum Beispiel Holz und Papier.

Türme besteigen und Tore durchschreiten

Blick durchs Fernglas vom Fernsehturm auf die „Linden“

Vom Berliner Fernsehturm hat man aus 200 m Höhe einen einzigartigen Blick über Berlin. Bis zu einer Entfernung von 40 km kann man in alle Himmelsrichtungen schauen, bekannte Bauwerke entdecken, Kräne und Baustellen und vielleicht auch den Kiez, in dem man wohnt.

Blick nach Westen auf das Brandenburger Tor und den Pariser Platz

Das Brandenburger Tor ist ein Wahrzeichen von Berlin. Es blieb als einziges von einst 19 Stadttoren erhalten. Dort endete die Stadt vor etwa 200 Jahren.
In diesem Teil Berlins stehen alte und neue Gebäude dicht beieinander. Spuren von gestern und heute, auch Namen alter Tore, findest du an vielen Orten der Stadt – auch in deinem Kiez.

Wasserturm

Fernsehturm (368 m)

Turm der Marienkirche

Türme können verschiedene Funktionen haben.
Zu den ältesten Türmen gehören die Türme der Kirchen, Burgen und Schlösser. Sie dienten als Aussichtstürme, um Feinde oder auch Feuer rechtzeitig zu entdecken. Sie dienten als Glockentürme und als weit sichtbare Zeichen: hier steht ein wichtiges Haus.
Später entstanden Tortürme und Wehrtürme als Teile der Stadtmauern.
Wassertürme wurden gebaut als riesige Wasserspeicher, um die Menschen mit sauberem Wasser zu versorgen.
Als Rundfunk und Fernsehen entstanden waren, wurden Funktürme und Fernsehtürme gebaut: Sie sendeten die Signale für die Radio- und Fernsehprogramme.
Seitdem es Handys gibt, werden für diese beweglichen Telefone Funknetze gebraucht. Kleine Sendetürme übertragen die Signale von einem Handy bis zum anderen.

1 Schau dich im Kiez um:
Türme können dir viel erzählen.

2 Besteigt einen Turm. Was seht ihr in den vier Himmelsrichtungen?

3 Vergleicht die Höhe eines Wasserturmes, eines Kirchturmes und des Fernsehturmes.
Sucht Gründe für ihre unterschiedlichen Höhen.

Türme im Kiez erkunden

- Besprecht Treffpunkt, Weg und Material (Fotoapparat, Zeichenblock ...).
- Erkundet die Funktionen der Türme: Torturm, Kirchturm, Aussichtsturm ...
- Informiert euch über das Alter, die Baumaterialien und die Erbauer der Türme.
- Dokumentiert eure Erkundungen durch Fotos, Zeichnungen, Quellen-Texte und Gesprächs-Protokolle.

Historische Quellen erforschen

Ein altes Foto

Eine alte Küche im Museum

Ein Oldtimer

Seit langer Zeit stellen die Menschen vieles her, was sie zum Leben brauchen oder woran sie sich erfreuen: Sachen für den Haushalt, Werkzeug, Maschinen, Häuser, Brücken, Fahrzeuge, Bücher, Gemälde, Schmuck.
Geschichtsforscher erhalten durch diese Sachen viele Informationen über das Leben früher. Man nennt sie daher historische Quellen oder Quellen für unser Wissen über die Vergangenheit. Auch alte Bräuche gehören dazu. Vieles ist schon erforscht und aufgeschrieben, aber immer wieder ist etwas zu entdecken.

Omas Poesiealbum

Historische Quellen gibt es auch bei dir zu Hause: eine alte Postkarte, eine Uhr vom Urgroßvater oder ein altes Foto deiner Familie.
Willst du solche Quellen enträtseln, musst du wie ein Forscher viele Fragen stellen:

- Wer war der Fotograf?
- Was und wer ist auf dem Foto zu sehen?
- Wo und wann ist das Foto entstanden?
- Warum wurde das Foto gemacht?
- Erklärt ein Text das Foto? Wer hat ihn verfasst?
- Wo wurde/wird das Foto aufbewahrt?

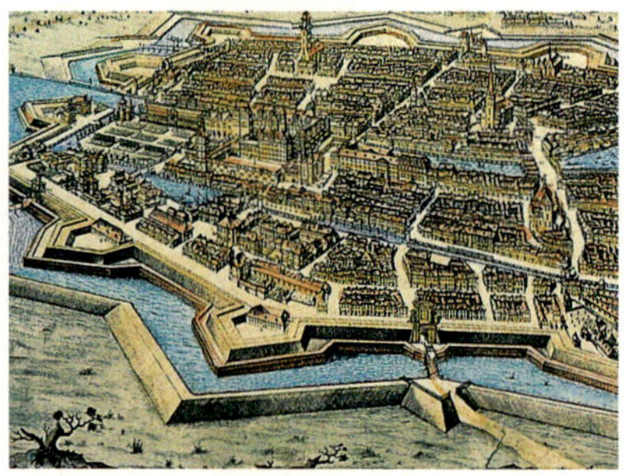

Ein alter Stadtplan von Berlin aus der Bibliothek

1 Betrachte die Bilder. Beschreibe, was du aus den historischen Quellen erfährst.

2 Sucht eine historische Quelle. Stellt Fragen dazu und forscht nach Antworten.

★ Was bedeutet das Wort „Zeitzeuge“? Lest im Lexikon oder im Internet nach.

AH S.34

S.16

Im Frühling

Woher hat der Löwenzahn seinen Namen?
Welche Pflanzen wachsen auf der Wiese?
Welche Tiere leben in der Wiese?

Die Wohnungen in der Wiese

Ober-geschoss: Blüten größerer Pflanzen

Mittel-geschoss: kleine Pflanzen

Erd-geschoss: niedrige Pflanzen

Keller: Wurzeln

Alles hängt miteinander zusammen:
1 Die Pflanzen entnehmen dem Boden Wasser und Nährstoffe. 2 Die Kreuzspinne fängt Insekten. 3 Das Tagpfauenauge ernährt sich vom Nektar der Wiesenblumen. 4 Die Raupen des Tagpfauenauges fressen die Blätter der Brennnessel. 5 Der Regenwurm frisst abgestorbene Wurzeln. 6 Der Igel frisst Regenwürmer und …

Bewohner der Wiese

Das Tagpfauenauge ist ein Bewohner der Wiese. Der Tagfalter ist an den vier Augenflecken auf seinen Flügeln gut zu erkennen. Schlägt er die Flügel plötzlich auf, will er seine Feinde täuschen: Zwei große „Augenpaare" schauen sie an. Faltet der Schmetterling die Flügel zusammen, sieht er aus wie ein dürres Blatt, denn die Unterseiten der Flügel sind schwarz. Auf dunklem Untergrund ist er dann kaum zu sehen. So ist er gut getarnt und dadurch geschützt.
Ein Tagpfauenauge verwandelt sich dreimal.

1 Das Weibchen legt Eier auf Brennnesselblättern ab. Sie dienen den geschlüpften Raupen als Nahrung.

2 Nach einigen Tagen schlüpfen die Raupen. Sie fressen und wachsen. Wird ihre Haut zu eng, häuten sie sich.

3 Nach etwa 14 Tagen spinnen sich die Raupen in einen langen Faden ein. Nun nennt man sie Puppen.

4 Zwei Wochen später schlüpft aus der Puppe ein Schmetterling. Er ernährt sich von Blütennektar.

Der Regenwurm wohnt im „Keller" der Wiese. Frisst er sich durch den Boden, entstehen lange Gänge. So wird der Boden aufgelockert und durchlüftet. Das ist gut für die Pflanzen. Der Regenwurm ernährt sich von alten Blättern und abgestorbenen Wurzeln. Sein Kot enthält viele Nährstoffe für Pflanzen. Woher sein Name kommt, ist unklar. Die einen sagen, weil wir bei Regen viele Regenwürmer an der Erdoberfläche sehen. Andere meinen, weil man den Regenwurm in früherer Zeit den „regen Wurm" nannte.

Regenwürmer im Boden

- Schichtet dunkle und helle Erde in ein Glas. Legt Laub- oder Salatblätter obenauf. Gebt einige Regenwürmer hinein. Haltet die Erde etwas feucht.
- Stellt das Glas in einen Karton mit Luftlöchern. So sind die Würmer im Dunkeln – wie im Boden.
- Schreibt eure Beobachtungen auf.
- Bringt die Regenwürmer nach einer Woche wieder ins Freie.

Wiesenpflanzen mit Tiernamen

Der Löwenzahn soll seinen Namen wegen der spitz gezahnten Blätter bekommen haben. Sie erinnern wirklich an die Zähne eines Löwen. Die Pflanze wächst fast überall, sogar zwischen Steinen. Sie lässt Wiesen im Frühling erst gelb und dann weiß leuchten. Während die ersten Früchte mit ihren weißen „Fallschirmen“ umherschwirren, treibt die Pflanze schon wieder neue gelbe Blüten.

Der Wiesen-Storchschnabel hat schnabelförmige Früchte, die einem Storchenschnabel ähneln. So bekam er seinen Namen. Während der Blütezeit von Mai bis August sieht man die Pflanze blauviolett auf Wiesen leuchten. Wiesen-Storchschnabel und Löwenzahn werden auch als Heilpflanzen genutzt.

1 Betrachte die Fotos. Beschreibe sie.

2 Erforscht: Woher hat das Gänseblümchen seinen Namen?

3 Sucht auf der Wiese verschiedene Gräser und bunte Blütenpflanzen. Gestaltet eine Ausstellung.

★ Die Farbspiele einer Wiese könnt ihr auf Fotos festhalten.

AH S.37 S.5

Wiesenpflanzen betrachten und zeichnen

Schon zeitig im Frühjahr blüht der erste Löwenzahn. In dem großen Blütenkorb hat er viele kleine gelbe Zungenblüten.

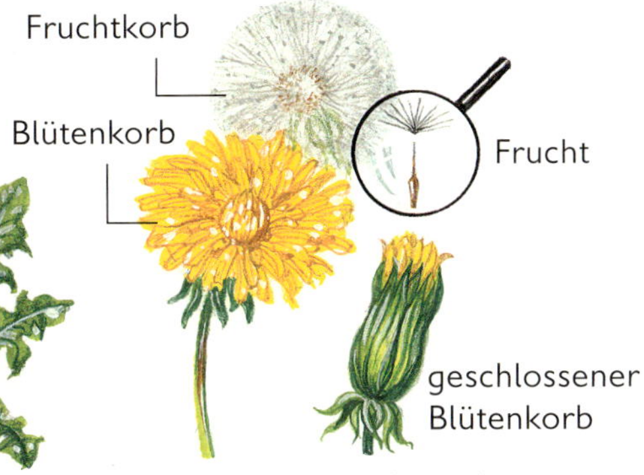

Der Blütenkorb wird zur „Pustekugel". Die Flugkörper der Samen sehen aus wie kleine Fallschirme. Ein Windhauch trägt sie fort.

Wiesenpflanzen zeichnen

Betrachte die Pflanze:

- Wie ist sie gewachsen – länglich, buschig …?
- Wie sehen die Teile aus? Der Stängel: verzweigt, nicht verzweigt …? Die Blattform: länglich, rund, eiförmig …? Der Blattrand: gesägt …? Die Blüte: eine, mehrere …?

Ab Mai blüht die lichthungrige Pflanze. Verdunkelt sich der Himmel, schließen sich die Blüten und schützen so Nektar und Blütenstaub vor Regen.

Im „Storchschnabel" bildet sich die Frucht. Werden die reifen Früchte nur leicht berührt, springen sie auf und schleudern ihre Samen heraus.

Mäuse-Gerste

Rispengras

Rotklee

Spitzwegerich

Mit dem Bestimmungsbuch arbeiten – ein Herbarium anlegen

Wie du mit einem Bestimmungsbuch arbeiten kannst, ist darin beschrieben. Du kannst unterschiedlich vorgehen:

Du siehst eine blühende Pflanze und vermutest, es ist ein Gänseblümchen.

- Suche im Wörterverzeichnis den Namen. Sieh auf der angegebenen Seite nach. Stimmt deine Vermutung?

Du siehst auf der Wiese eine blühende Pflanze, die dir unbekannt ist.

- Wähle ein Bestimmungsbuch, das die Pflanzen nach Lebensräumen ordnet.
- Schlage den Abschnitt „Wiese“ auf.
- Vergleiche die abgebildete Pflanze genau mit der, die du gerade siehst.
- Hast du sie gefunden, lies dazu die Beschreibung.
- Merke dir den Namen.

In diesem Bestimmungsbuch sind Pflanzen nach ihrem Lebensraum geordnet.

Du kannst Pflanzen sammeln und herbarisieren.
So kannst du vorgehen:

Sammeln

Auflegen und pressen

Aufkleben

Beschriften

Der Natur auf der Spur

Wie kommt Wasser in der Natur vor?
Wohin verschwindet Wasser aus der Pfütze?
Welche Eigenschaften hat Feuer?

Wasser überall

Wasser in der Natur kann fest, flüssig oder gasförmig sein.
Das nennt man Zustandsformen des Wassers.

1 Betrachte das Bild. Beschreibe die einzelnen Wasserbilder.
Verwende auch diese Wörter.

Welle **tragen** **fließen** **strömen** **rinnen** **Tropfen** **reinigen**
abschleifen **beschlagen** **Eis** **spritzen** **auflösen** **flüssig** **trinken**
Regen **fest** **Tomate** **Brunnen** **Flut** **rauschen** **Haut**

S. 2

Wasser verwandelt sich

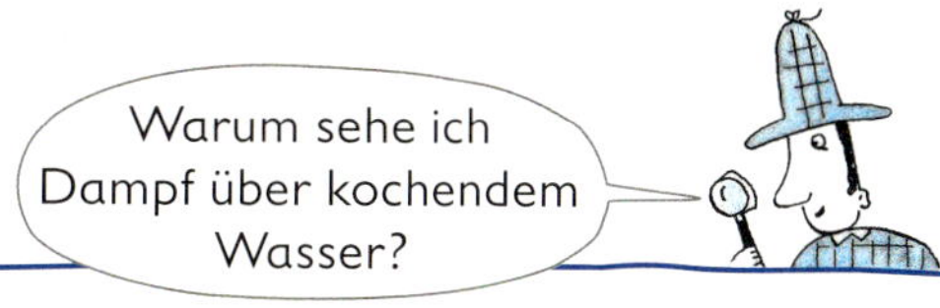

Wasser verwandelt sich

Ihr braucht:
- Eiswürfel, Brenner, Glasplatte, Becherglas, Ständer

Geht so vor:
- Orientiert euch an den Bildern.
- Schreibt ein Versuchsprotokoll.

A Stellt Eiskugeln oder Eiswürfel her.

B Erhitzt das Becherglas.

C Erhitzt das Becherglas weiter.

D Legt die Glasplatte auf das Becherglas.

Im Versuch wechselt das Wasser mehrmals seine Zustandsformen:

A Unter 0 °C erstarrt Wasser zu Eiskristallen, es wird fest.

B Über 0 °C schmilzt Wasser wieder, es wird flüssig.

C Bei 100 °C siedet Wasser und verdampft. Es wird gasförmig und schwebt als unsichtbarer Wasserdampf in der Luft.

D Kühlt der gasförmige Wasserdampf ab, bilden sich an der Glasplatte Tröpfchen. Aus Wasserdampf wird wieder flüssiges Wasser. Der Vorgang heißt: Kondensieren.

Versuchsprotokoll

- Findet eine Überschrift.
- Schreibt eine Vermutung zum Ergebnis auf.
- Notiert das Material.
- Skizziert den Versuchsaufbau.
- Führt den Versuch durch. Notiert eure Beobachtungen.
- Wertet das Ergebnis aus.

1 Formuliere mit Hilfe der Übersicht, was euer Versuch gezeigt hat.

Der Kreislauf des Wassers

Niederschlag erzeugen

- eine Pflanze längere Zeit unter Glas lassen
- beobachten

Eine Quelle fließen lassen

- Plastikflasche mit der Schere zuschneiden
- mit Lehm, Kies, Sand und Gartenerde füllen
- in eine Schale stellen
- Wasser hineingießen
- beobachten

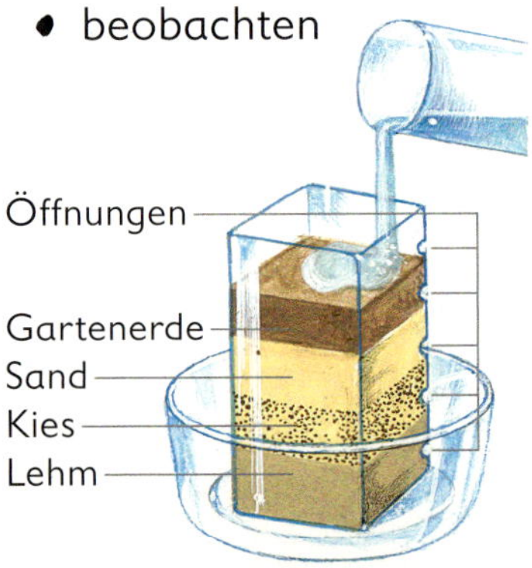

Am Schaubild arbeiten

- Betrachte das Bild.
- Beginne an einer Stelle zu lesen.
- Folge den Pfeilen und lies weiter.
- Beschreibe den Kreislauf. Nutze dabei die Erklärungen.

AH S. 40, 41, 42

S. 2

Der Wind treibt die Wolken
über den Himmel.

Wasser verdunsten lassen

- je eine halbe Tasse Wasser in 2 Teller gießen
- nach 2 Tagen nachsehen

Erklär mal was

- eine Flasche halb voll mit Wasser füllen und 2 Stunden im Kühlschrank kühlen
- die Flasche auf den Tisch stellen, nach 15 Minuten anheben

Ist die Flasche undicht?
Schreibe deine Erklärung auf.

AH S.40, 41, 42

S. 2

Stoffe lösen – Stoffe trennen

1 Schreibt zu einem Experiment ein Protokoll.

Wasser als Lösungsmittel

Ihr braucht:

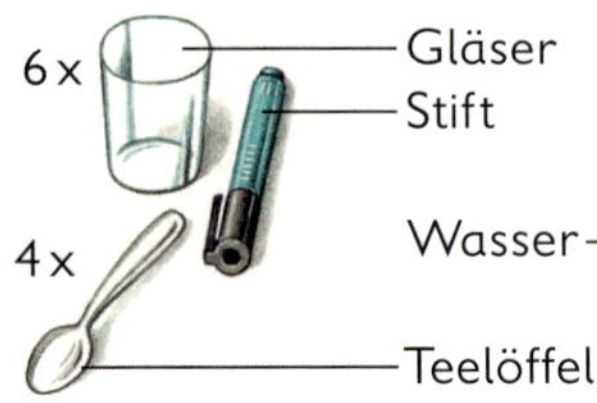

Geht so vor:

- Rührt je eine Probe in kaltes Wasser ein.

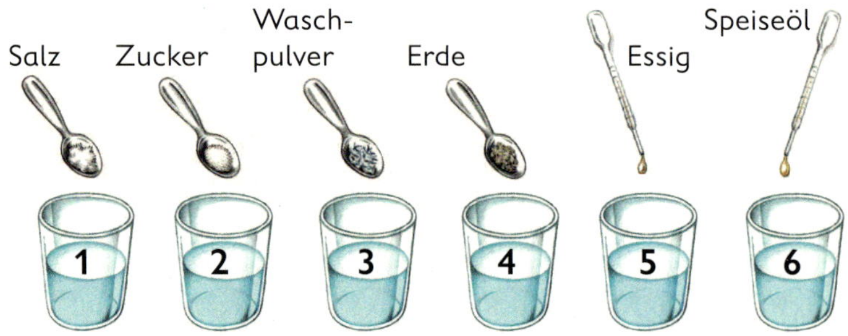

- Legt eine Tabelle an.

Wir vermuten:

Stoff	löst sich	löst sich nicht
Salz	X	
Zucker		

Wir beobachten:

Stoff	löst sich	löst sich nicht
Salz	X	
Zucker		

Stoffe trennen

Ihr braucht:

- die Proben aus dem oberen Versuch

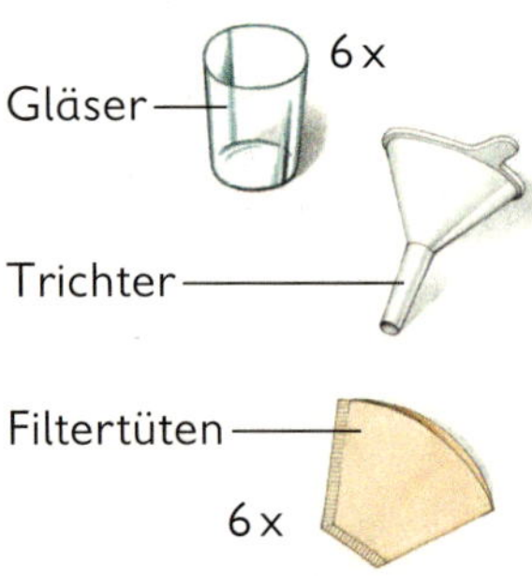

Geht so vor:

- Setzt den Trichter auf ein Glas. Legt eine Filtertüte hinein.
- Gießt die erste Probe durch den Filter in ein Glas.
- Gießt dann jede weitere Probe durch einen neuen Filter in ein neues Glas.

Brennen und löschen

Damit ein Feuer entstehen kann, müssen drei Bedingungen erfüllt sein:

Der Brennstoff muss auf eine Entzündungstemperatur erwärmt werden.
Bei Holz liegt sie zum Beispiel bei 300 °C. Das kann durch ein brennendes Streichholz geschehen.

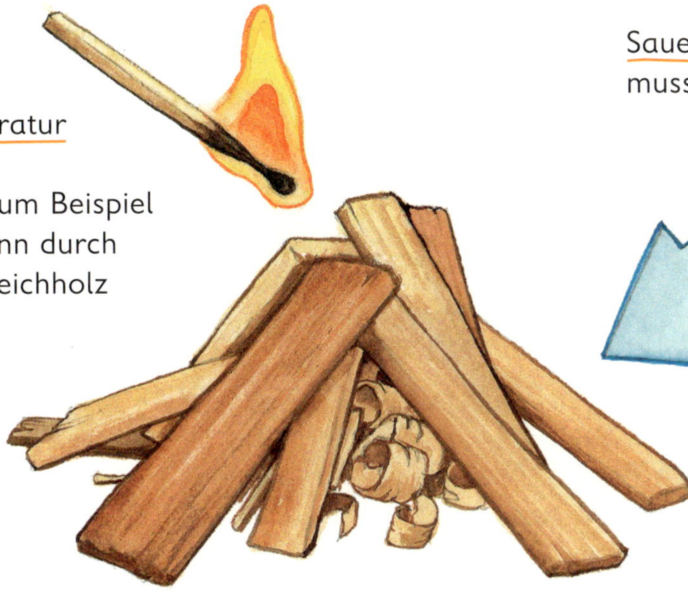

Sauerstoff aus der Luft muss hinzukommen.

Es muss Brennstoff vorhanden sein, zum Beispiel das Wachs einer Kerze oder Holz.

Will man ein Feuer löschen, muss man mindestens eine Brandbedingung beseitigen:

Brennendes Papier kann einfach mit Wasser gelöscht werden.
Das setzt die Entzündungstemperatur herab.

Ein Feuer im Kamin erlischt, wenn kein Feuerholz mehr nachgelegt wird.
So wird dem Feuer der Brennstoff entzogen.

Brennendes Öl in einer Pfanne muss mit Kochdeckeln oder einer Decke erstickt werden.
Dadurch wird dem Feuer der Sauerstoff entzogen.

1 Notiert, wie ihr euch im Brandfall in der Schule verhaltet.

★ Gestaltet ein Plakat: Regeln zum Umgang mit Feuer.

Feuer – es brennt, es wärmt, es leuchtet

Das Gemälde zeigt eine Küche in einem reichen Haushalt vor 400 Jahren. Im offenen Kamin brennt ein Feuer. Es beleuchtet die Küche, wärmt den ganzen Küchenraum und auch die Suppe im Topf.

Dieses Gemälde wurde vor 400 Jahren gemalt. Es zeigt eine junge Frau, die bei Kerzenschein einen Brief liest. Das Licht der brennenden Kerze erhellt nur einen kleinen Raum. Damals trug man die Kerzen dorthin, wo man sie gerade brauchte.

1 Erzähle zu den Bildern und Wörtern: Erkläre, wie die Menschen Feuer nutzen. Wie kann das Feuer ihnen schaden?

Funke Flamme Brennstoff Blitz Feuerstein Lagerfeuer knistern Lucia Sauerstoff Lichterkönigin

S. 2

Hier schüren Schmiede ein Feuer in einer Esse. Das ist eine offene Feuerstelle mit einem Abzug. Die Schmiede verbrauchen viel Brennmaterial, denn das Feuer muss eine hohe Temperatur erreichen. Erst dann können sie Eisen schmelzen und in Formen gießen. Glühendes Eisen wurde mit Hammerschlägen bearbeitet.

In einer Stadt ist ein Feuer ausgebrochen. Es breitet sich zu einem verheerenden Brand aus, zerstört Häuser und Brücken. Die Flammen lodern in den dunklen Himmel. Junge und alte Menschen fliehen aus der brennenden Stadt. Ist dieser Stadtbrand noch zu löschen?

2 Schreibe einen Sachtext, eine Geschichte oder ein Gedicht über das Feuer.

Kerze Rauch lichterloh Asche aufflammen prasseln züngeln Feuerschein Glut olympisches Feuer

Feuer – in aller Welt entfacht und genutzt

Vor vielen Jahrtausenden begannen die Menschen das Feuer selbst zu entzünden und zu beherrschen.
Bis heute sind Menschen vom Feuer abhängig. Überall auf der Welt wird es entfacht und vielfältig genutzt.

Ungarn:
Über einer kleinen Feuerstelle hängt ein Bogratsch-Kessel. In ihm wird der beliebte Kesselgulasch (ungarisch: Bogrács Gulyás) zubereitet.

China:
In Stahlwerken wird im Feuer der Hochöfen aus Eisenerz Roheisen gewonnen. Aus dem Roheisen wird dann Stahl produziert.

Jamaika:
In der Jerk-Tonne liegt glimmendes Holz der Guave. Darüber wird Hähnchenfleisch gegrillt und später mit scharfen Soßen serviert.

Indien:
Während der Hochzeit wird für die Brautleute ein heiliges Feuer entzündet. Sie geloben sich dabei Liebe, Treue und gemeinsame Sorge für ihre Kinder.

Mongolei:
In der Jurte, dem Wohnzelt umherziehender Viehhirten, stehen ein Herd und ein Ofen. Beide werden mit sonnengetrocknetem Dung, Holz und trockenen Pflanzenteilen beheizt.

Namibia:
Viele San (Buschmänner) zünden Feuer noch auf ursprüngliche Weise an: Ein Feuerquirl wird so lange hin und her gedreht, bis der Zunder (Brennstoff) zu glimmen beginnt.

1 Sammelt Feuerbilder aus aller Welt. Schreibt Texte dazu.

★ Lest im Internet über das Feuermachen in der Steinzeit nach. Entfacht im Freien selbst ein Feuer.

Feuer löschen

1 Schreibt zu den Experimenten ein Protokoll.
Versucht, eure Beobachtungsergebnisse zu erklären.

Ein Teelicht löschen

Ihr braucht:
2 Teelichter
2 Porzellanteller
ein feuerfestes Glas
Streichhölzer

Geht so vor:

Zündet die Teelichter an. Stülpt das Glas über ein Teelicht.

Einen Feuerlöscher herstellen

Ihr braucht:
1 Teelicht
1 Porzellanteller
1 kleine Flasche
1 Trichter
1 Esslöffel
1 Teelöffel
1 Stück Papier
Essig
Backpulver
Streichhölzer

Geht so vor:

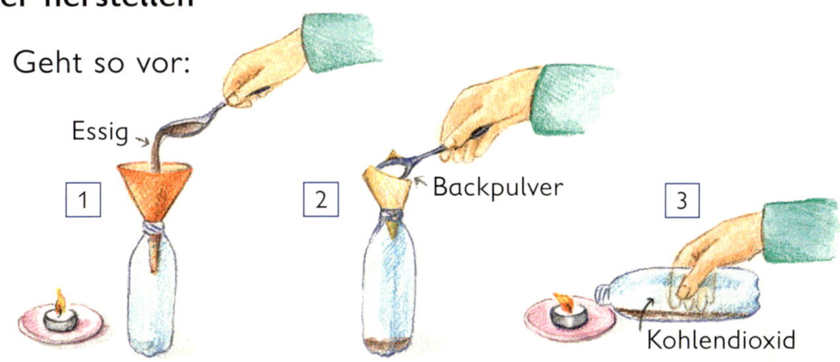

1 Stellt das Teelicht auf den Porzellanteller und entzündet es. Gießt 5 Esslöffel Essig in die Flasche.

2 Faltet das Papier als Einfüllhilfe. Gebt einen halben Teelöffel Backpulver in die Flasche.

3 Haltet nun die Flasche waagerecht in die Nähe der Flamme. Passt auf, dass kein Essig ausläuft.

Ich weiß auch ein Experiment! Gebt eine Brausetablette in ein Glas mit wenig Wasser. Senkt eine kleine brennende Kerze an einem Blumendraht in das Glas. Was passiert?

★ Findet in Sachbüchern oder im Internet weitere Experimente zum Thema „Feuer löschen“.

Brandschutzregeln

Wenn du Kerzen anzündest, musst du aufpassen, dass kein Brand entsteht. Direkt über der Flamme beträgt die Temperatur bis zu 750 °C. Selbst 10 cm über der Flamme sind es noch 350 °C. Zünde deshalb Kerzen nur an, wenn ein Erwachsener dabei ist.

Brandschutzregeln zum Umgang mit Kerzen beachten

Bevor du die Kerzen anzündest …	Sieh nach, ob die Kerzen fest stehen und nicht zu dicht nebeneinander. Der Kerzenständer darf nicht entflammbar sein. Er sollte aus Metall, Glas oder Keramik sein. Stelle einen Eimer mit Wasser oder Sand bereit. Sollte doch etwas brennen, kannst du sofort löschen.
Wenn du die Kerzen anzündest …	Vorsicht! Nicht mit Ärmeln oder Haaren über die offene Flamme kommen. Streichholz nie in den Papierkorb werfen.
Wenn die Kerze brennt …	Zugluft vermeiden. Kerze nie ohne Aufsicht lassen. Du weißt nie, ob du abgelenkt wirst und die brennende Kerze vergisst.
Wenn du die Kerzen löscht …	Die Flamme möglichst nicht auspusten. Am besten mit einem Kerzenlöscher oder einem Metalllöffel ersticken.
Wenn es doch brennt …	Ruhe bewahren. Versucht, alle Fenster und Türen zu schließen. Die Flammen müssen erstickt werden – mit einer Decke, mit Sand – oder mit Wasser gelöscht werden. Gelingt das nicht, sofort die Feuerwehr rufen: **112**

1 Schreibt Brandschutzregeln auf, die in eurer Schule gelten.

Wusstest du schon …

…, dass Leonardo da Vinci ein berühmter Künstler und Erfinder war?
…, wie Zahnräder funktionieren?
…, wie Medien genutzt werden können?

Leonardo da Vinci – der Künstler und Erfinder

Leonardo da Vinci war einer der bedeutendsten Künstler und Erfinder. Er hatte viele Berufe: Maler, Zeichner, Bildhauer, Architekt, Ingenieur, Naturforscher. Viele Geschichtsforscher meinen, da Vinci sei das außergewöhnlichste Genie aller Zeiten. Manche zweifeln aber auch: Kann ein einziger Mensch so viele unterschiedliche Talente und Begabungen haben? Wir werden es nie genau wissen.

Leonardo da Vinci
Geboren am 15. April 1452 in Anchiano bei Vinci
Gestorben am 2. Mai 1519 auf Schloss Clos Lucé, Amboise

Auf dem Bild ist Leonardo da Vinci etwa 60 Jahre alt. Er hat sich selbst gemalt.

Leonardo – der Maler

Dieses Bild heißt „Mona Lisa" und ist vermutlich das berühmteste Ölgemälde auf der Welt. Es hängt heute im Pariser Museum Louvre. Das Bild wurde auf dünnem Pappelholz gemalt und ist nur 76,8 cm x 53 cm groß. Die Dame auf dem Bild soll die Ehefrau eines Kaufmanns aus Florenz sein. Leonardo da Vinci erhielt den Auftrag, sie zu malen. Er arbeitete mit Unterbrechungen ungefähr 4 Jahre an diesem Bild. Es blieb in seinem Besitz.

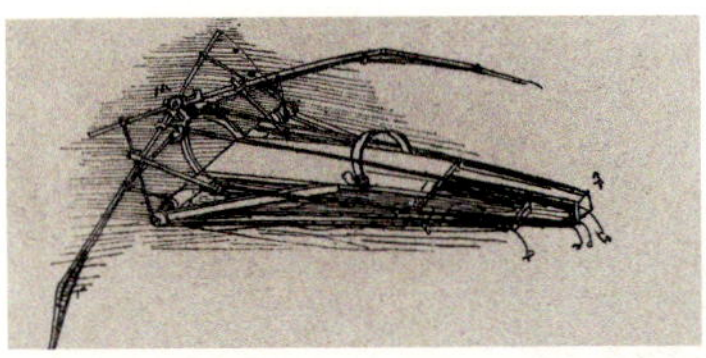

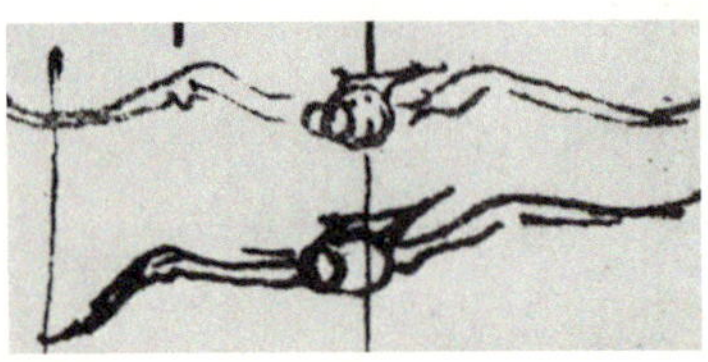

Leonardo – der Erfinder

Leonardo da Vinci schrieb und malte seine Beobachtungen ständig in Notizbücher. Er schrieb mit der linken Hand, oft auch in Spiegelschrift. Dadurch konnten Fremde nicht gleich erkennen, was aufgeschrieben war. Wahrscheinlich wollte da Vinci damit seine Ideen schützen. Damals konnte nämlich jeder die Ideen und Erfindungen eines anderen benutzen, ohne ihn vorher zu fragen. Es gab noch kein Patentrecht wie heute, das einen Erfinder berechtigt, anderen die Nutzung seiner Erfindung zu untersagen. Für die Konstruktion und das Zeichnen von Flugapparaten beobachtete Leonardo den Flug der Vögel und skizzierte diesen. Er soll sogar Flugübungen mit seinen Flugapparaten durchgeführt haben.

1 Entwirf selbst eine Flugmaschine.
Fertige eine Skizze an und beschrifte sie.

Ein Segelflugzeug falten

Die Tragflächen von Leonardo da Vincis „Flugzeugen“ sollten sich wie die Flügel der Vögel bewegen. Das gelang jedoch nicht. Bis heute hat sich die Technik weiterentwickelt. Wir wissen viel mehr über die Bauweise von funktionsfähigen Segelflugzeugen.

Falten von Figuren

- Verwende dünnes Papier (z.B. Kopierpapier).
- Das Papier liegt beim Falten auf dem Tisch.
- Ziehe alle Kanten mit dem Fingernagel nach.
- Beim Falten kann die Figur gedreht, umgedreht und zurückgedreht werden.

1 Falte ein kleines Segelflugzeug.

Ihr braucht:

- Papier (DIN A4)
- Bleistift
- Lineal

Geht so vor:

1 Falte ein A4-Blatt der Länge nach und öffne es wieder. Falte die oberen Ecken zur Mitte.

2 Miss von der unteren Kante aus auf der Mittellinie 5 cm ab und markiere diese Stelle. Falte die obere Spitze nach unten bis zu deiner Markierung.

3 Falte erneut die oberen Ecken zur Mitte.

4 Falte das überstehende kleine Dreieck über die beiden Ecken nach oben.

5 Falte den Flieger an der Mittellinie so nach hinten, dass die Flügel genau aufeinander liegen.

6 Falte die Flügel von der Spitze aus zur unteren Kante.

Der erste Probeflug kann beginnen: Halte den Flieger waagerecht. Lass ihn mit wenig Schwung fliegen.

★ Informiere dich im Internet, wie heute Segelflugzeuge gebaut werden.

Leonardo da Vinci – der Ingenieur

Leonardo da Vinci soll viele Geräte und Maschinen entworfen haben, zum Beispiel:

- ein Uhrwerk
- einen mechanischen Löwen
- eine Sturmleiter
- ein Hammerwerk

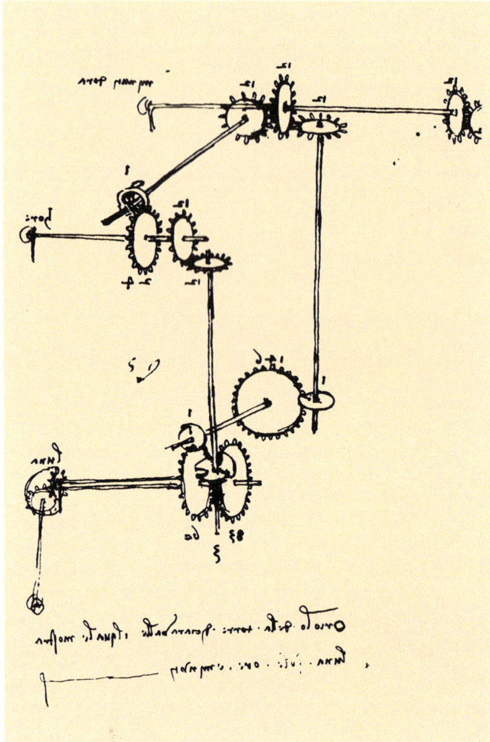

Viele von da Vinci gebaute Geräte und Maschinen funktionieren nur mit Hilfe von Zahnrädern in Getrieben.
Ein Zahnrad ist ein flaches Teil mit Zähnen am äußeren Rand. In einem Zahnrad-Getriebe greifen zwei oder mehrere Zahnräder ineinander. Leonardo da Vinci fand heraus, dass die Zähne der Zahnräder oben abgerundet sein müssen, damit sie besser ineinandergreifen und abrollen können. Zahnrad-Getriebe können durch ihre Drehbewegungen Maschinenkraft übertragen oder in eine andere Richtung lenken.

Immer wieder werden Modelle nach da Vincis Skizzen gebaut.
So will man beweisen, dass die Geräte und Maschinen auch funktionieren.

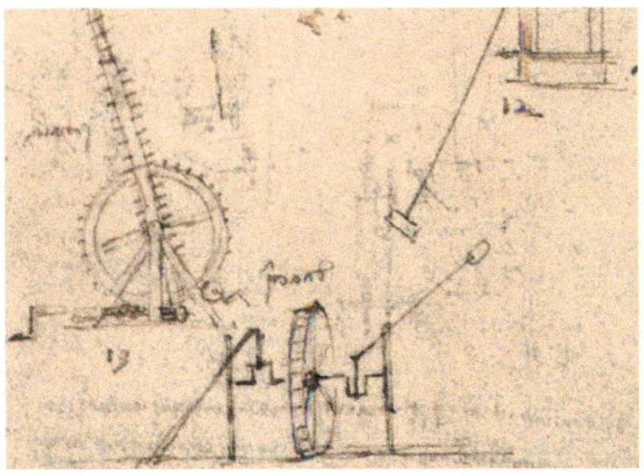

Skizze und Nachbau einer Sturmleiter

1 Informiere dich:

- Wer nutzt heute noch Sturmleitern?
- Wo sind heute noch Hammerwerke in Deutschland zu sehen?

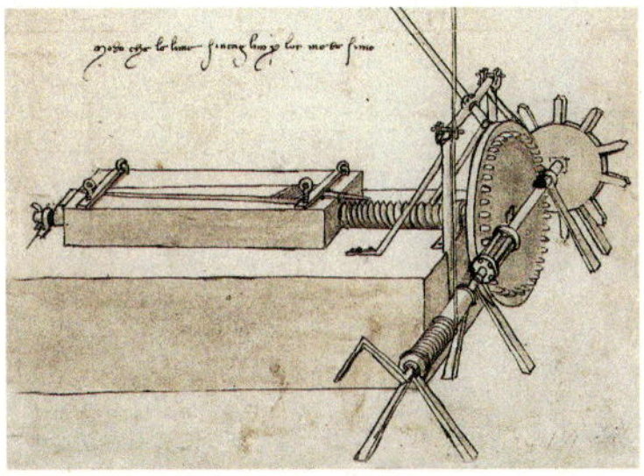

Skizze und Nachbau eines Hammerwerks

Mit Zahnrädern bauen

Wir wissen schon: Ein Zahnrad besteht aus Zähnen und Zahnzwischenräumen.
Ein Zahnrad überträgt die Drehbewegung auf ein anderes Zahnrad.

Drehrichtung:
Greifen zwei Zahnräder ineinander, ändert sich die Drehrichtung.

Bei drei Zahnrädern dreht sich das dritte Zahnrad wieder in die gleiche Richtung wie das erste Zahnrad.

Drehzahl:
Um die Drehzahl von Zahnrädern zu erhöhen oder zu verringern, werden zwei unterschiedlich große Zahnräder benutzt.
Ein großes Zahnad treibt ein kleines Zahnrad an.
Das kleine Zahnrad benötigt dabei weniger Zeit sich einmal vollständig zu drehen als das große Zahnrad.

Das große Zahnrad dreht sich langsam, das kleine aber schneller.

Das kleine Zahnrad dreht sich schnell, das große aber langsam.

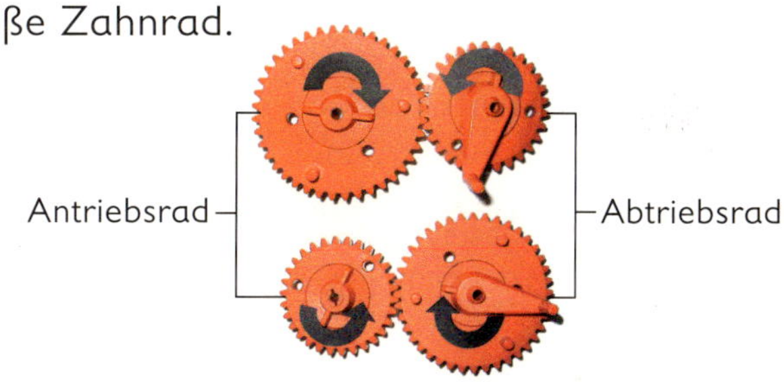

Das nennt man Übersetzung.

1 Nutzt Baukastenelemente und probiert verschiedene Zahnradgetriebe aus.

Wenn die Drehbewegung über eine größere Entfernung weitergeleitet werden muss, benutzt man Ketten oder Riemen als Verbindung zwischen den Zahnrädern.
Am Fahrrad findest du ein Kettengetriebe, das über die Pedale angetrieben wird.

2 Zeichne den Kettenantrieb eines Fahrrads.

★ Probiere aus:
- Wenn du eine Kettengangschaltung hast, verändere durch Schalten die Größe des hinteren Zahnrads.
  Beschreibe deine Beobachtungen.
- Überlege: Wann benutzt du am Hinterrad das größte und wann das kleinste Zahnrad der Kettenschaltung?

Türme bauen

Türme gibt es auf der ganzen Welt. Es sind zum Beispiel Wohntürme, Wassertürme, Leuchttürme, Fernsehtürme, Kirchtürme, Aussichtstürme. Sie sind verschieden konstruiert und aus unterschiedlichen Materialien gebaut. Manche Türme sind wegen ihrer Bauweise sehr berühmt.

Der Eiffelturm wurde von 1887 bis 1889 in Paris (Frankreich) als Aussichtsturm erbaut. Es ist ein Fachwerkturm aus Stahlteilen. Diese wurden vorgefertigt und an Ort und Stelle zusammengesetzt. Der Turm ist 324 m hoch.

Der CN Tower in Toronto (Kanada) ist ein Fernseh- und Aussichtsturm. Er wurde von 1973 bis 1976 aus Stahl und Beton erbaut. Der Turm ist 553 m hoch. Er steht in der Liste der „Sieben Wunder der modernen Welt".

Nach sechs Jahren Bauzeit wurde 2010 der Burj Chalifa Wohnturm (Dubai) eingeweiht. Er ist mit 828 m das bisher höchste Bauwerk der Welt. Baumaterial waren Stahlbeton, Stahl und für die Fassade Aluminium und Glas.

Einige Türme sind auch bekannt, weil sie aussehen, als würden sie gleich umfallen.

Der schiefe Turm von Pisa (Italien) ist ein Glockenturm. Begonnen wurde der Bau 1173, aber erst 200 Jahre später beendet. Als sich der Boden unter dem Turm verformte, geriet er in seine schiefe Lage. Um den Turm zu stützen, wurden vor einigen Jahren Stege in das Mauerwerk eingezogen.

Der schiefe Turm in Toruń (Polen) ist Teil einer Befestigungsanlage aus dem Mittelalter. Der Boden unter dem Turm wurde durch das Gewicht zur Seite gedrängt. Dadurch sank ein Teil des Turms im Boden tiefer ein. Heute ist das Fundament befestigt und der Turm wieder begehbar.

Der Kirchturm in Suurhusen (Ostfriesland in Deutschland) wurde 1450 auf einem Fundament aus Eichenstämmen errichtet. Die Stämme vermoderten mit der Zeit, und dadurch neigte sich der Turm. Vor einigen Jahren wurde deshalb das Fundament mit Beton und Stahl aufgefüllt.

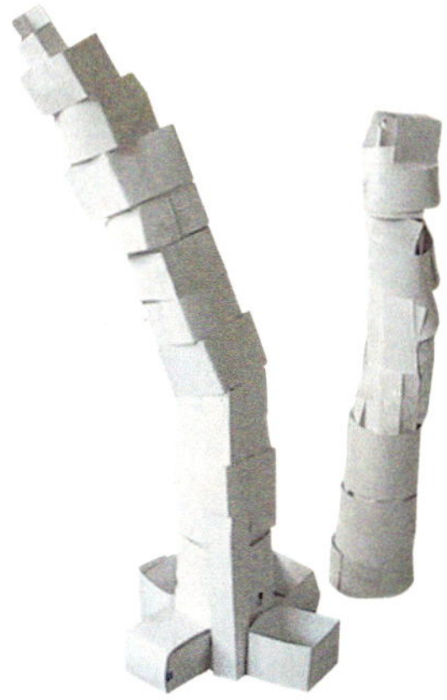

1 Baut in Gruppen gerade und schiefe Türme aus Papier:
- Beratet zuerst, wie der Turm aussehen soll.
- Fertigt eine Skizze an.
- Besorgt euch das Material.
- Verteilt die Aufgaben.

Die Fachwerkbauweise ist eine besondere Art des Turmbaus. Das Fachwerk bildet das „Skelett" des Baues. Es besteht aus Trägern, Streben und Stützen. Die Zwischenräume nennt man Gefache. Die Gefache können mit verschiedenen Materialien ausgefüllt werden, wie Backsteine, Lehmsteine oder Staken, die mit Lehm verstrichen werden.

Possenturm in Sondershausen

Die Gefache können auch, wie beim Eiffelturm oder dem abgebildeten Strommast, frei bleiben. Das nennt man dann Skelettbauweise.

2 Versucht, einen Turm in Skelettbauweise aus Papier zu errichten. Konstruiert ihn ähnlich wie einen Strommast:
- Ihr braucht zum Bauen Papierstreifen, aus denen ihr Winkelschienen faltet.
- Diese müssen so zusammengeklebt werden, dass ein stabiler Turm entsteht.

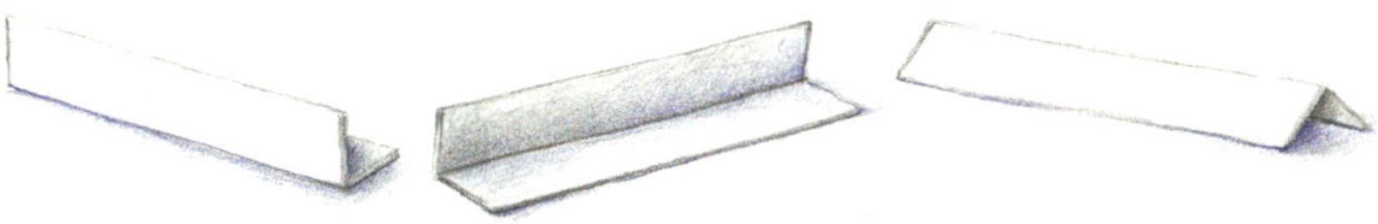

Strommast in Skelettbauweise

Im Internet Informationen suchen

Schritt 1: Was will ich wissen?
- Warum steht der Turm von Pisa schief?

Schritt 2: Welche Suchtechniken helfen mir?
- Du kannst eine konkrete Internetadresse eingeben.
- Oder du nutzt eine Suchmaschine für Kinder:
  Starte das Internetprogramm des Computers.
  Gib den Namen einer Suchmaschine für Kinder ein.
  Drücke die Eingabetaste.

Beispiele für Kinder-Suchmaschinen

www.blinde-kuh.de
www.fragfinn.de
www.helles-koepfchen.de
www.kindernetz.de
www.milkmoon.de

Schritt 3: Welche Suchwörter gebe ich ein?
- Du suchst in deiner Frage die wichtigsten Wörter:
  Turm Pisa
- Du schreibst diese Suchwörter ein und klickst auf „Im Internet finden“.

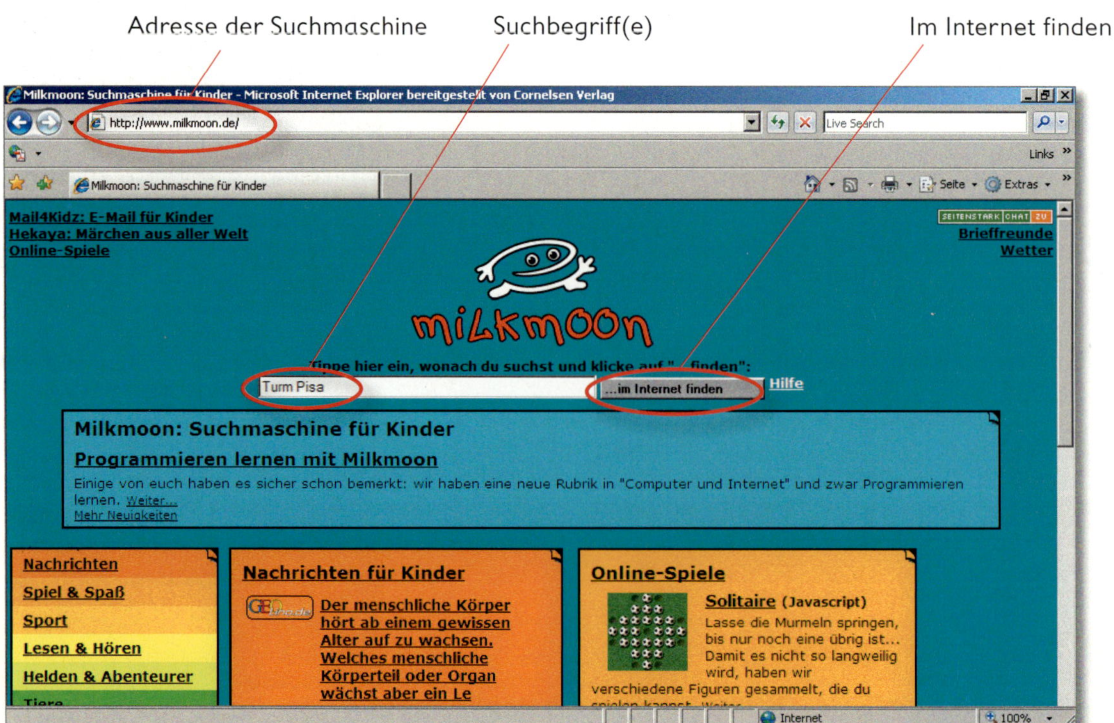

Schritt 4: Wie gehe ich mit den Suchergebnissen um?

- Die Suchmaschine zeigt alle Ergebnisse an, in denen die Wörter „Turm“ und „Pisa“ vorkommen.

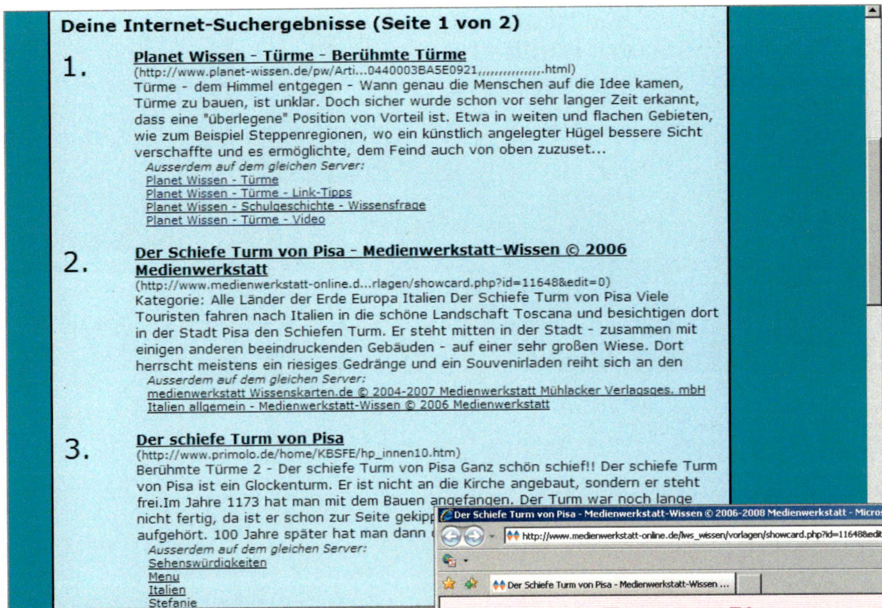

Deine Internet-Suchergebnisse (Seite 1 von 2)

1. **Planet Wissen - Türme - Berühmte Türme**
(http://www.planet-wissen.de/pw/Arti...0440003BA5E0921,,,,,,,,,,,,,,.html)
Türme - dem Himmel entgegen - Wann genau die Menschen auf die Idee kamen, Türme zu bauen, ist unklar. Doch sicher wurde schon vor sehr langer Zeit erkannt, dass eine "überlegene" Position von Vorteil ist. Etwa in weiten und flachen Gebieten, wie zum Beispiel Steppenregionen, wo ein künstlich angelegter Hügel bessere Sicht verschaffte und es ermöglichte, dem Feind auch von oben zuzuset...
Ausserdem auf dem gleichen Server:
Planet Wissen - Türme
Planet Wissen - Türme - Link-Tipps
Planet Wissen - Schulgeschichte - Wissensfrage
Planet Wissen - Türme - Video

2. **Der Schiefe Turm von Pisa - Medienwerkstatt-Wissen © 2006 Medienwerkstatt**
(http://www.medienwerkstatt-online.d...rlagen/showcard.php?id=11648&edit=0)
Kategorie: Alle Länder der Erde Europa Italien Der Schiefe Turm von Pisa Viele Touristen fahren nach Italien in die schöne Landschaft Toscana und besichtigen dort in der Stadt Pisa den Schiefen Turm. Er steht mitten in der Stadt - zusammen mit einigen anderen beeindruckenden Gebäuden - auf einer sehr großen Wiese. Dort herrscht meistens ein riesiges Gedränge und ein Souvenirladen reiht sich an den
Ausserdem auf dem gleichen Server:
medienwerkstatt Wissenskarten.de © 2004-2007 Medienwerkstatt Mühlacker Verlagsges. mbH
Italien allgemein - Medienwerkstatt-Wissen © 2006 Medienwerkstatt

3. **Der schiefe Turm von Pisa**
(http://www.primolo.de/home/KBSFE/hp_innen10.htm)
Berühmte Türme 2 - Der schiefe Turm von Pisa Ganz schön schief!! Der schiefe Turm von Pisa ist ein Glockenturm. Er ist nicht an die Kirche angebaut, sondern er steht frei.Im Jahre 1173 hat man mit dem Bauen angefangen. Der Turm war noch lange nicht fertig, da ist er schon zur Seite gekipp aufgehört. 100 Jahre später hat man dann
Ausserdem auf dem gleichen Server:
Sehenswürdigkeiten
Menu
Italien
Stefanie

Der Schiefe Turm von Pisa

Viele Touristen fahren nach Italien in die schöne Landschaft **Toscana** und besichtigen dort in der Stadt Pisa den **Schiefen Turm**. Er steht mitten in der Stadt - zusammen mit einigen anderen beeindruckenden Gebäuden - auf einer sehr großen Wiese.
Dort herrscht meistens ein riesiges Gedränge und ein Souvenirladen reiht sich an den anderen. Einkaufen lohnt sich aber nicht, denn es gibt fast nur Ramschwaren.

Die ganze Stadt Pisa steht auf **sandigem, weichem Boden** (Schwemmland) und deshalb ist es wohl auch passiert, dass der Turm in seiner rund 900-jährigen Geschichte auf einer Seite abgesackt ist und eine sehr schiefe Lage bekommen hat.

Vor etwa 10 Jahren haben Bauingenieure verschiedene Maßnahmen eingeleitet um ein weiteres Absacken und Umkippen zu verhindern.

- Du wählst aus der langen Liste mit Internetseiten ein Suchergebnis aus und klickst es an.
- Erscheint die Seite, prüfst du: Beantwortet die Information meine Frage?
- Reichen dir die Informationen nicht aus, wählst du ein weiteres Suchergebnis.

Schritt 5: Wie werte ich die Informationen aus?

- Die Angaben müssen deine Frage beantworten. Du kannst dir interessante Angaben ausdrucken.

1 Verfolge diesen Weg im Internet. Suche selbst Informationen über Türme.

Beachte: Jeder kann Informationen ins Internet stellen, ob richtig oder falsch. Prüfe, woher Informationen kommen. Lies auch in Sachbüchern nach oder frage Experten.

Medien auswählen

Es gibt verschiedene Medien, die durch Schrift, Bild oder Ton Informationen an uns weitergeben und mit deren Hilfe wir uns untereinander verständigen.

1 Benenne die abgebildeten Medien. Welche nutzt du häufig?

Nicht jedes Medium ist geeignet, um eine bestimmte Information zu finden. In einem Buch findest du keine Informationen über das, was gerade an diesem Tag passiert. Im Sachbuch findest du keine Märchen. Mit dem Radio kannst du keine Bilder empfangen.

2 Arbeitet in Gruppen:

- Welches Medium eignet sich, um die Frage zu beantworten? Schreibt das Medium auf. Begründet die Auswahl.
- Beantwortet nun die Fragen A–F.

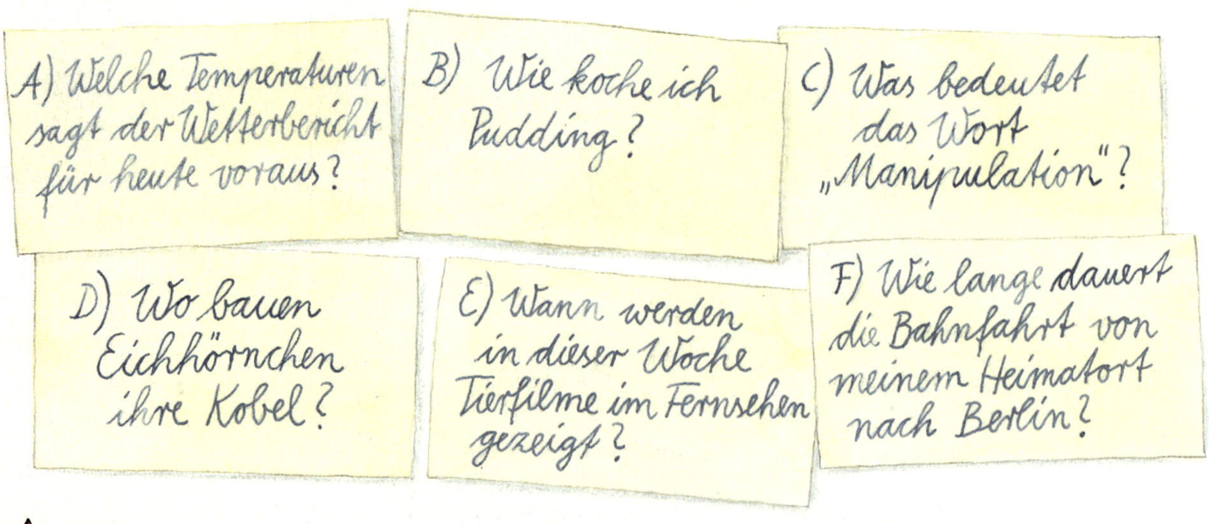

★ Schreibt weitere Fragen auf Karteikarten. Sucht nach Antworten in verschiedenen Medien.

AH S.48
S.3

Von Pflanzen, Tieren und Menschen

Welche Zusammenhänge können wir in einem Lebensraum entdecken?
Wie können wir Pflanzen vermehren?
Wie bereiten wir einen Vortrag vor?

Was Pflanzen zum Leben brauchen

Feuerbohnen klettern an Stangen, Zäunen oder Rankgerüsten empor. Sie werden im Mai ausgesät. Dann ist die Erde schon so warm, dass die Samen quellen und keimen können. Jeweils 6 bis 8 Samen werden in eine 3 cm tiefe Rille um jede Stange gelegt. Schon nach einigen Tagen sind die Pflänzchen zu sehen. Sie brauchen reichlich Feuchtigkeit und werden mit Kompost gedüngt. Später ragen die Feuerbohnen bis zu zwei Meter in die Höhe, dienen als Sichtschutz oder bieten pflanzlichen Nachbarn einen guten Windschutz.

Radieschen können schon ab März unter einem wärmenden Folientunnel ausgesät werden, im Freiland etwas später. Die Rillen sollten 1 cm tief sein und die Samen in 5 cm Abstand gelegt werden. Dann haben die Pflänzchen ausreichend Platz zum Wachsen. Radieschen gedeihen auf allen Böden, wenn sie genügend Wasser bekommen. Vier bis sechs Wochen nach der Aussaat kannst du sie ernten. Versuche es: Radieschen gedeihen auch in einem großen Blumentopf, zum Beispiel auf dem Balkon oder auf der Terrasse. Ganz frisch schmecken sie besonders gut.

Die Grünlilie wächst im Blumentopf auf dem Fensterbrett. Sie liebt helle, luftige und etwas sonnige Standorte. Man kann Grünlilien reichlich gießen. Nur wenn sie kühl stehen, sollte etwas weniger gegossen werden. Ab und zu sollte man sie düngen. Wenn der Blumentopf voller Wurzeln ist, muss die Pflanze in einen größeren Topf umgetopft werden.

1 Beobachte eine Pflanze im Schulgelände oder Schulgarten. Vermute, was sie für ihr Wachstum und ihre Entwicklung braucht.
Schreibe oder male es auf.

2 Stellt in einer Übersicht zusammen, welche Zimmerpflanzen in eurer Schule wachsen und welche Pflege sie brauchen.

Wie vermehren sich Pflanzen?

Viele Pflanzen vermehren sich durch Samen.

Samen sehen verschieden aus.

Samen befinden sich hier in Früchten.

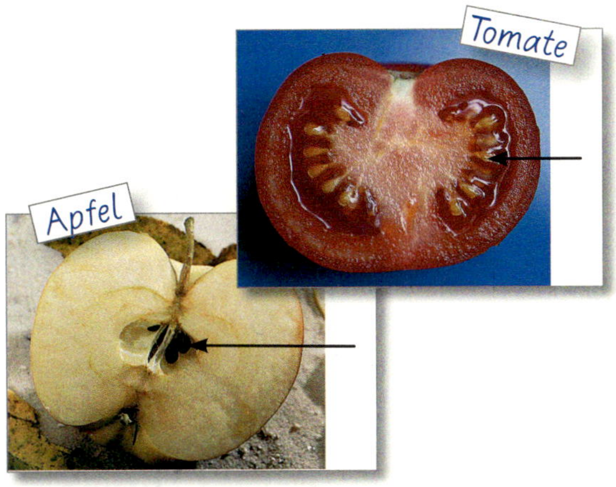

1 Sammelt und erforscht: Wie sehen Samen von Nadelbäumen aus?

Der Wind verbreitet Samen.

Löwenzahn:
Samen fliegen an Fallschirmen.

Linde:
Samen fliegen an Propellern.

Klatschmohn:
Samen streuen aus Kapseln.

Auch Tiere verbreiten Samen. Aber wie?

Kletten haften am Fell des Fuchses.

Eichhörnchen verstecken Haselnüsse.

Amseln fressen Beeren und scheiden die Samen aus.

Garten- und Zimmerpflanzen kann man auch so vermehren:

Erdbeere:
Ausläufer einpflanzen

Grünlilie:
Ableger einpflanzen

Buntnessel:
Blatt in Wasser bewurzeln lassen, dann einpflanzen

Bogenhanf:
Die Pflanze mit einem Messer teilen, einpflanzen

Korkenzieher-Weide:
Zweig in Wasser bewurzeln lassen, dann einpflanzen

2 Probiert aus: Samen aussäen Ableger einpflanzen Blattstecklinge einsetzen

Möglichkeiten zur Vermehrung von Pflanzen beschreiben und realisieren

AH S.49

S. 12, S. 13

Leben in der Hecke

Eine Hecke ist Lebensraum für viele Tiere und Pflanzen. Sie spendet Schatten, schützt vor Wind und bietet den Tieren Nahrung und Verstecke. Viele Tiere überwintern in Hecken.

Holunder

Brombeere

Schlehdorn

Heckenrose

Haselnuss

Insekten bestäuben die Blütenpflanzen. Im Gestrüpp legen sie ihre Eier ab. Daraus schlüpfen Larven, die hungrige Vögel anlocken.

Unter der Erde leben Würmer, Schnecken, Milben und andere kleine Tiere. Sie sorgen für eine gute Bodendurchmischung.

AH S.50

S. 2

In den Sträuchern balzen die Vögel, bauen ihre Nester und suchen nach Nahrung. Der Turmfalke späht von hieraus nach Beute.

Rotkehlchen

Kreuzspinne

Haselmaus

Turmfalke

Zauneidechse

Am Boden finden kleine Tiere Schutz vor Wind und Regen, vor Hitze und Trockenheit. Hier können sie sich vor ihren Feinden verstecken.

1 Benenne die Tiere und Pflanzen in dieser Hecke. Finde ihre Namen mit Hilfe der Fotos.

Einen Vortrag vorbereiten

Eine Mindmap (sprich: meindmäp) hilft dir, einen Vortrag vorzubereiten. Du kannst darin deine Gedanken und Ideen sammeln.
So kannst du sie aufbauen:

1 Stelle ein Thema in die Mitte.
2 Zeichne von dort Hauptäste ab. Schreibe darauf wichtige Arbeitsschritte.
3 Verzweige die Hauptäste. Auf die Zweige schreibst du Ideen zu den Arbeitsschritten.
4 Kleine Bildchen an den Zweigen dienen als Merkhilfe.

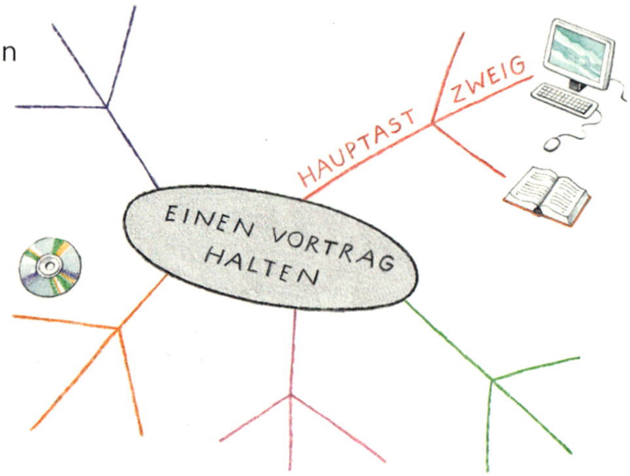

1 Lies die Mindmap im Uhrzeigersinn.
Besprich die Angaben mit einer Partnerin/einem Partner.

2 Bereitet nach den Ideen der Mindmap gemeinsam einen Vortrag vor.

S. 12, S. 13

Im Sommer

Welche Getreidearten gibt es?
Welche Tiere leben im Getreidefeld?
Wie kann man Früchte haltbar machen?